SUBSTANCIA

ÁLVARO POMBO

SUBSTANCIA

(Antología poética, 1973-2009)

Edición, selección y prólogo
de
Juan Antonio González Fuentes

RENACIMIENTO

Esta publicación ha contado con la ayuda de la Fundación Gerardo Diego y de sus
patronos: Ayuntamiento de Santander y Consejería de Cultura,
Turismo y Deporte del Gobierno de Cantabria.

www.editorialrenacimiento.com
BUGANVILLA, I • 41907 VALENCINA DE LA CONCEPCIÓN (SEVILLA)
tel.: (+34) 955998232 • editorial@editorialrenacimiento.com

Diseño de cubierta: Marie-Christine del Castillo
Fotografía del autor: Ignacio Laguna

DEPÓSITO LEGAL: SE 2491-2025 • ISBN: 979-13-87939-29-8
Impreso en España • Printed in Spain

«Los dioses no tuvieron más sustancia que la que tengo yo».

JUAN RAMÓN JIMÉNEZ, *Espacio*

POESÍA POMBO

En los primeros días de la primavera de 2006 organicé en Santander un ciclo de conferencias literarias. Uno de los invitados que más interés despertó fue Álvaro Pombo, quien, según recuerdo, presentó *Contra natura* y además habló de su ciudad natal como paisaje físico y espiritual en algunas de sus novelas. La conferencia tuvo lugar el 31 de marzo, y al día siguiente, primero de abril, Pombo, el escritor Mario Crespo y yo, viajamos en coche hasta el municipio de Tudanca, en el occidente de Cantabria, un enclave de montaña a unos 90 kilómetros de Santander.

Allí se localiza la Casona de mediados del siglo XVIII que perteneció a José María de Cossío: la Tablanca de la perediana *Peñas arriba*. En esta casa el intelectual vallisoletano vivió largas temporadas y en ella recibió, entre otros, a Unamuno, Alberti, Gerardo Diego,

Lorca, Sánchez Mazas, Marañón..., y dicen que hasta a Carlos Gardel.

En mayo de 1975 Cossío llegó a un acuerdo con la Diputación provincial de Santander para que, a su muerte, y a cambio de una pensión vitalicia, la institución heredase el inmueble, las fincas anexas y todo el variopinto y en ocasiones extravagante contenido de la casa. Dicho contenido incluía por supuesto la biblioteca, las pinturas, el archivo histórico familiar, la correspondencia, y diversos textos autógrafos de autores que, en algunos casos, fueron sus amigos. Dos años después, en el mes de octubre, el escritor dejaba este mundo.

El «fetichismo literario» de don José María hizo que en la Casona conservara, entre otras muchas cosas, manuscritos de autores tan diversos como Pereda o Azaña..., destacando, por razones que no hay que explicar, los autógrafos de textos tan importantes para la literatura española del siglo XX como *Sobre los ángeles* de Alberti, *Llanto por Ignacio Sánchez Mejías* de Lorca, o *La familia de Pascual Duarte* de Cela. De este último en la actualidad no se conserva en la Casona el original (que fue a parar a la fundación del escritor), sino una transcripción también autógrafa realizada en los años 80 por el propio Cela. Pero esta es otra historia.

Entre tantos y tantos papeles, Cossío también guardó una copia mecanografiada –con correcciones autógrafas–, del primer libro de poemas que un joven santanderino le había hecho llegar desde Londres en 1972. El poeta envió su libro al erudito porque eran parientes, aunque muy lejanos, y esperaba que pudiera ayudarle a encontrar editor para sus versos. Sí, en la Casona se conserva aún ese ejemplar de *Protocolos*. Pero esta también es otra historia.

Sin duda habría que achacar a ese mismo «fetichismo» el que casi recién terminada la Guerra Civil, en 1940, Cossío iniciase un *Cancionero* que, cuando murió casi cuatro décadas después, estaba compuesto por cientos de páginas reunidas en cinco tomos donde se recogen poemas autógrafos de casi trescientos autores, entre ellos algunos del joven que le envío su primer libro, es decir, de Álvaro Pombo.

Hace casi dos décadas de aquella excursión que nos llevó por carreteras tortuosas y paisajes bellísimos hasta el refugio antiguo y señorial de un Cossío taurófilo, erudito, lírico, grafómano, académico, ateneísta, tertuliano de café, presidente del Racing… Un Cossío que atesoró poemas entre capotes ensangrentados y libros antiguos, entre trabucos de la guerra contra los franceses y estandartes barrocos de antepasados en el virreinato de Perú.

La inolvidable y fatigosa salida a Tudanca la realizamos porque Álvaro Pombo, convertido ya en un célebre y exitoso novelista, deseaba volver a ver, volver a leer los poemas que en una muy lejana vida le envío desde Londres a un literato de otro tiempo con la esperanza de verlos publicados como libro, su primer libro, un libro de versos. Y un Pombo alucinado, sorprendido de que aquellos poemas hubieran sobrevivido a tantas vicisitudes y naufragios, esa mañana de abril declamó teatralmente y de memoria sus poemas recogidos en el *Cancionero* de Cossío, celebrando así el reencuentro consigo mismo, con el Álvaro Pombo poeta y joven, joven y poeta.

La anécdota aquí narrada, por su levedad, quizá no sea del todo eficaz para dar una idea, aunque solo sea desvaída e insípida, de la gran importancia que Álvaro Pombo siempre le ha otorgado a su obra poética y a su incuestionable condición de poeta. Una condición radicalmente ajena a la impostura.

Sin embargo, los poemas de Pombo nunca han despertado el interés que creo merecen, ni entre los poetas ni entre los lectores asiduos al género. Y tampoco han ocupado el imprescindible y significativo lugar que reclaman a la hora de valorar el conjunto de la obra pombiana. Paradójicamente su producción poética no puede decirse que haya pasado desapercibida por completo. Señalaré algunos ejemplos que así lo demuestran. El libro *Variaciones* obtuvo en 1978 el Premio El Bardo, y en 2013 fue traducido al italiano por Martina Vannucci en una tesis de grado leída en la Universidad de Pisa. En 2004 un volumen reunió toda la poesía publicada por el poeta hasta esa fecha para conmemorar el treinta aniversario de una editorial de prestigio como Lumen. Y en 2025 el sello Vitrubio ha publicado toda la poesía completa, incluyendo inéditos de un posible futuro libro cuyo título provisional es *De senectude*. Además, a lo largo de los años la poesía de Pombo ha encontrado valedores de peso en autores de diversas generaciones, viniéndome a la mente nombres como los de Juan Antonio Masoliver Ródenas, José Antonio Marina, Weesley Weaver, Ernesto Calabuig, Luis Felipe Vivanco, Andreu Jaume, o más recientemente Mario Crespo López, cuyo trabajo *Existir innumerable. La poesía de Álvaro Pombo* (Ediciones Tantín, Santander, 2021), hoy es una referencia de consulta inevitable para conocer las principales influencias poéticas y literarias del premio Cervantes (Rilke, T. S. Eliot, Sartre, Freud…), los rasgos de su estilo y la más completa bibliografía de y sobre el autor que pueda encontrarse recopilada y organizada en un libro.

Hace ahora más de veinte años fue precisamente José Antonio Marina quien, en su breve y atinado prólogo a *Protocolos (1973-2003)*, propuso una explicación al desinterés por la poesía de nuestro autor: «el éxito de la narrativa de Álvaro Pombo ha hecho que su poesía pase sigilosamente, casi de puntillas, de incógnito, por el paisaje literario español. Un fenómeno injusto a todas luces, porque se trata de una obra brillante e innovadora, que contiene, además, la clave del resto de su literatura».

Estoy por completo de acuerdo con el segundo aserto, pero no tanto con el primero. El gran éxito de la narrativa precisamente podría haber despertado el interés por la poesía, aunque fuera solo un interés en comparación modesto.

¿Qué razones pueden aducirse entonces para intentar explicar el que la poesía de Álvaro Pombo no haya tenido ni el peso ni la proyección que algunos creemos que merece dentro de la poesía española del último medio siglo?

A mi juicio se unen distintos factores que ayudan a explicar el caso. Por un lado, el poco propicio contexto poético español en el que hizo su aparición la primera poesía pombiana. Y por otro, el carácter tan singular de esta poesía, construida con un lenguaje a todas luces muy personal y unas estructuras sintácticas prosódicas que, en ocasiones, producen en el lector cierto sentido de monotonía, alguna perplejidad y un distanciamiento ante la exigencia de una lectura que no ofrece fáciles asideros de inteligibilidad y transparente sentido, y raramente resulta complaciente en un primer encuentro.

En lo que se refiere al contexto, quizá no esté de más recordar de manera esquemática que los tres primeros títulos de poesía de Pombo vieron la luz en el intervalo que va de 1973 a 1980, es decir, justo entre la fulgurante e influyente aparición de los Novísimos en 1970 y la publicación de *La otra sentimentalidad* (1983), título que de alguna manera señaló el camino de la poética que sería preponderante los siguientes años, la conocida como «poesía de la experiencia».

Los poemas de Álvaro Pombo aparecieron en un momento en el que por su propia naturaleza no encajaron debidamente ni pudieron ser «acogidos» en ninguna de las corrientes poéticas españolas dominantes entonces. Ni en las inscritas en lo que se denominó poesía de la experiencia o de «línea clara», ni en las contrarias a esta, las poéticas de esencia experimental, oscura, hermética… que adoptaron términos para su definición como poesía de la diferencia, poesía del silencio…

Es sencillo: la singular obra poética pombiana quedó fuera del foco, sin etiquetar, sin ser incorporada ni a la línea clara ni a la oscura o hermética, y, en consecuencia, sin presencia en las principales antologías del momento ni adscripción a «tribu» alguna. Y ahí continúa, sin un rótulo que ayude a colocarla en los anaqueles del panorama literario español del último cambio de siglo, aunque indudablemente representa un hito en la renovación de nuestro panorama poético de dicho periodo.

¿Y en qué consiste esa aludida singularidad? Sin duda el trabajo más reciente y que con más detenimiento estudia la poesía de Pombo es el ya citado de Mario Crespo López, *Existir innumerable. La poesía de Álvaro Pombo*. En sus más de 400 páginas el autor repasa todos los libros del poeta y señala los principales elementos (muchos apuntados ya por Masoliver Ródenas en sus trabajos) cuya suma y combinación establecen el carácter singular de dicha obra: la disonancia como la más clara constante estética, la conceptualización a través de frases sin verbo o nominalizaciones, las interrogantes en forma de apóstrofes, los rasgos humorísticos y desafiantes, la alteración de tiempos verbales, el empleo de símiles sorprendentes, la creación de personajes poemáticos, la especificidad en las alusiones, los juegos de palabras, las referencias autobiográficas, la rica adjetivación, el uso de neologismos, la polifonía, la mezcla de registros, los juegos de palabras, las reiteraciones.

Otro de los elementos que, a mi juicio, particularizan al menos los cuatro primeros libros de nuestro autor, es que constituyen eslabones de una misma cadena discursiva, de una misma «constitución poética», por emplear el feliz y preciso término del propio Pombo. Estamos, sí, ante una Constitución Poética en la que cada libro es un capítulo, y cada poema ejerce el papel de artículo constitutivo de un todo que lo asume y del que forma parte. De alguna manera cada poema está «enlazado» con el que le precede y con el que lo continúa, configurando así un único discurso, un único poema extensísimo en el que el autor, en efecto, ha dejado reveladas (aunque no explícitas) las principales claves de su biografía, de su pensamiento y de su literatura.

Cuando le comenté a Álvaro que tenía la impresión de que cada uno de sus libros constituía un eslabón de una misma cadena poética, me contestó: «Eso es exacto. Y eso hace de mí un poeta monótono en cierto modo. Como decía César Vallejo, estoy siempre diciendo lo mismo, «que padece nombre nombre nombre».

Para Pombo, y así lo subraya Mario Crespo en las conclusiones de su ensayo, el poema es el resultado de un proceso de autoconciencia, y esta es posible solo desde el recuerdo de las emociones, experiencias, lecturas… que conforman el pasado. El poema es así memoria. Y en este sentido, la poesía de Álvaro Pombo en mi opinión es una compleja autobiografía trascendida y una íntima y personal visión del mundo y la existencia, talladas ambas por el uso de un brillante e innovador lenguaje poético concebido como método de descifrar la propia historia, la propia experiencia del ser y del estar.

Pombo es un poeta meditativo que, desde un aceptado y asumido existencialismo, busca lo sustancial, la substancia, sin renunciar nunca al humor ni a la ironía. En sus versos se da la convivencia del lenguaje coloquial con el barroco, la mirada pop con la náusea sartreana, el vuelo espiritual de los ángeles rilkenianos con la impotencia, fragilidad y frustración del individuo moderno reveladas por el Eliot de *La canción de amor de J. Alfred Prufrock*. También cohabitan el abismo, el olvido, la muerte, las heridas y esplendores del amor, los paisajes como referentes de conciencia, o la responsabilidad con la verdad poética que se representa al margen de la lógica.

Álvaro Pombo ha confesado en más de una ocasión que ha escrito sus poemas como rezos, oraciones, salmos, invocaciones…, que aspiran a la permanencia. «Lo que permanece, lo fundan los poetas», repite con frecuencia. Su voz poética tiende a expresar lo infinito, lo inefable, lo permanente que habita en el interior de uno mismo desde la radical consciencia de los propios límites. En este sentido su poesía es «religiosa», y está construida con un profundo sentido de religación, es decir, de ceñirse estrechamente a la realidad en cuanto realidad en la que somos.

«Yo sigo confiando en mi poesía, creo que sigue teniendo valor en sí misma», ha declarado Pombo en alguna ocasión. Estoy convencido de que quien lea esta antología acabará dándole la razón al poeta. Que así sea.

Breve historia de esta edición

La idea de realizar una antología de la poesía pombiana me asaltó por vez primera en el invierno del año 2007, cuando después de una comida en un restaurante de Santander, los comensales tuvimos el privilegio de escuchar al poeta recitar de memoria algunos poemas entonces inéditos que, tiempo después, fueron incluidos en *Los enunciados protocolarios* (2009). Aquella lectura me conmovió de tal modo que tomé la decisión de sumergirme en su obra poética completa e intentar conocer lo que de ella se había escrito. Descubrí que su producción no era muy abundante y que no ocupaba ningún lugar de referencia en el panorama de la poesía española de entre siglos. El hecho me resultó incomprensible.

Pasaron los años, muchos años. La oportunidad de trabajar en la antología no se dio y por el camino surgieron otros propósitos, otras dedicaciones, otros libros. Fue en la primavera del 2023 cuando, tras releer *Procolocos (1973-2003)* y *Los enunciados protocolarios*, me decidí por fin a volver a intentarlo. Le propuse la idea a Andrea Puente (directora-gerente de la Fundación Gerardo Diego), quien acogió el proyecto con convencido interés y decidió apoyarlo. Los dos convenimos en que la colección de antologías de la editorial Renacimiento era el destino más indicado para acoger el trabajo. Quedaba comentarle el proyecto a Álvaro Pombo y que aceptase la idea. Lo hizo con un entusiasmo que ni siquiera pude imaginar cuando me acerqué a su piso madrileño en una de mis ya habituales visitas. Comentó que sentía una gran curiosidad por saber cuáles serían los poemas por mí seleccionados y me prometió ayuda, comentarios y alguna que otra sugerencia. Pero, añadió, dejaba el esfuerzo por completo en mis manos y, además, prefería no incluir ningún poema inédito. En su opinión era lo más coherente: seleccionar solo poemas de los conjuntos publicados.

Regresé a su piso madrileño al cabo de dos o tres semanas y, ante mi sorpresa, me recibió con un manoseado ejemplar de *Protocolos (1973-2003)* en el que había señalado unos pocos poemas cuya presencia en la antología juzgaba ineludible y, además, me pidió un favor: un poema concreto debía abrirla («Registro de Últimas Voluntades…» de *Protocolos*) y otro cerrarla («Variación final» de *Variaciones*). Accedí a sus deseos y me puse a leer y releer, a seleccionar y descartar.

Sin embargo, en el verano de 2023 el proyecto volvió a quedar varado, pues acepté la dirección general de Cultura del Gobierno de Cantabria y, lógicamente, cualquier otra actividad quedó relegada. Dure poco más de un año en el cargo y mi vida regresó a la bendita normalidad. Retomé la antología pombiana. Estábamos ya a finales de 2024.

La selección definitiva de los poemas la realicé consultando las ediciones de *Protocolos (1973-2003)* y *Los enunciados protocolarios*. Reproduje los versos tal y como aparecen en dichos volúmenes. Solo me permití introducir cursivas cuando las normas así lo exigen y corregir algunas pequeñas erratas o imprecisiones que localicé. El problema que ciertamente me preocupaba era la maquetación de los versos de *Protocolos para la rehabilitación del firmamento*. Hablé con Álvaro y se lo dije. Me pidió que siguiera trabajando como creyera conveniente y fuera a verlo con el resultado.

El pasado siete de junio de 2025 visité al nuevo premio Cervantes en su piso madrileño. Llevaba conmigo dos carpetas. Una con la selección de poemas ya maquetados en primera prueba. Otra con algunas preguntas que se me había ocurrido hacerle para incluirlas en este prólogo y asegurarle al mismo un definitivo valor e interés.

Le recordé a Álvaro que con anterioridad ya habíamos hablado por teléfono sobre la imposibilidad de mantener la insólita extensión de los versos de *Protocolos para la rehabilitación del firmamento*, pues no había forma de que encajasen legibles dentro de la pequeña caja de la conocida colección de antologías de Renacimiento. Los versos de este poema tenían que publicarse sangrados, no había otro remedio, contraviniendo por tanto el deseo que él mismo señala en la *Nota bene* que abre el extenso poema en la edición de *Protocolos (1973-2003)*.

El poeta fue directamente al grano, y sin demasiados preámbulos sacó de la carpeta los folios con sus poemas y empezó a repasar la selección, realizando múltiples comentarios en voz alta, aparentemente sin ser consciente de mi presencia. Así estuvo durante unos minutos que me resultaron eternos. De repente, sentado en su silla de ruedas, delgadísimo, la camisa abierta, la mirada en un viajar constante del techo de la habitación a los folios que sostenía en las manos, empezó a declamar los versos de *Protocolos para la rehabilitación...*, y siguió después con el resto de los poemas elegidos. Mientras, el gato Rudyard dormía en un sofá y el azulísimo cielo de Madrid reclamaba asombros más allá de la desvencijada terraza.

No puedo precisar cuánto duró tan singular lectura, pero como ya he señalado recitó todos y cada uno de los poemas seleccionados, deteniéndose de vez en cuando para comentar algún detalle y recrearse en explicaciones sobre paisajes aludidos o sucesos recordados.

Al terminar se mostró satisfecho y subrayó que el ritmo, la música interna de *Protocolos para la rehabilitación del firmamento* se mantenía perfectamente con los versos sangrados. Incluso comentó que ahora la nueva disposición de los versos le resultaba más adecuada y práctica, y no impedía en modo alguno leer el verso de una sola inspiración, manteniendo la unidad prosódica completa. Lo señalado en su *Nota bene* de 2004 quedaba en consecuencia sin efecto.

Nada más añadiré acerca de lo hablado aquella mañana con Álvaro Pombo en torno a la antología. Solo que fue una conversación feliz y fructífera. Terminaré diciendo que salí de aquel piso con la placentera sensación de que tanto el autor como el antólogo habían quedado contentos y satisfechos con el trabajo realizado, y que además seguían siendo amigos. No creo que pueda pedirse más.

Antes de despedirnos le señalé la carpeta con las preguntas acerca de su escritura poética y quedó en contestarlas por escrito lo más pronto que le fuera posible. Y, en efecto, a las dos semanas tenía la entrevista en mi correo electrónico. Su publicación justifica este prólogo.

Cuando recibí las respuestas a mis preguntas ya había enviado a Renacimiento la antología para que empezaran a trabajar en ella. Quedaba solo rematar estas líneas, añadir la entrevista, y encontrar un título. Continué escribiendo y dándole infructuosas vueltas a ese posible título. De pronto caí en la cuenta de que significativamente el primer libro de relatos de Pombo se titula *Relatos sobre la falta de sustancia* (1977), y que su poesía, sin embargo, resulta una depurada y constante búsqueda y expresión de lo sustancial. Llamé inmediatamente a Álvaro por teléfono y le propuse titular la antología *Sustancia*. Al principio le sorprendió y no se mostró precisamente entusiasmado. Pero hablamos y hablamos y el título comenzó a resultarle elocuente y divertido. Quedamos en esperar unos días y volver a tratar el asunto. Pero al cabo de una hora fue él quien llamó para aplaudir el título y someter a mi consideración dos propuestas. Primera, que la palabra *sustancia* llevara intercalada la b del latín original y pasase a ser *substancia*. Segunda, que el libro se abriera con la primera frase del juanramoniano *Espacio*: «Los dioses no tuvieron más sustancia que la que tengo yo». Las dos me parecieron un completo acierto y, por supuesto, fueron bienvenidas.

A continuación, y para finalizar estás páginas de introducción, dejo aquí la entrevista que le hice al poeta el pasado mes de junio. Algunas de las preguntas se inspiran en las que en su día les plantearon a T. S. Eliot o Ezra Pound en *The Paris Review*. Consulté estas entrevistas en los dos volúmenes editados por Acantilado: «*The Paris Review*». (*Entrevistas 1952-2012*).

Veinticinco preguntas a Álvaro Pombo
sobre su poesía

¿Cuándo y por qué empezaste a escribir poemas?

Empecé escribiendo artículos, no poemas. Un mes de octubre, yo tendría catorce años, en la clase de literatura del colegio de los Escolapios, el Padre Manuel Sedano nos mandó escribir una redacción titulada *Un día de otoño*. Entonces yo miré por la ventana y vi el sol resplandeciente que iluminaba toda la mañana y los patios del colegio y los cristales y las casas de enfrente en Miranda. El padre Sedano criticó a todos los chicos por haber escrito unas redacciones sombrías y lluviosas y dijo: pero ¿no ven ustedes que es un otoño resplandeciente? A mí me sacó a la tarima y leí mi redacción. Y eso me animó tanto, que ese mismo mes mandé mi primer artículo a la revista *Colegio* y así seguí mes tras mes mandando artículos y poemas.

El interés intelectual por la filosofía y el pensamiento filosófico es una constante en tu obra, ¿de qué manera tus preocupaciones e intereses filosóficos se hacen presentes en tu poesía?

Basta leerla para distinguir lo que es especulativo de lo que es intuitivo. Especulativo son las ideas acerca de

Dios, la libertad humana, el libre albedrío, etc. El intuitivo es todo lo demás, el gusto por la belleza de este mundo… Con las ideas y la filosofía pueden salir malos poemas como hemos aprendido leyendo la historia de la literatura, pero a la vez, sin ideas, a veces los poemas se quedan en meras estructuras sentimentales que, a mi juicio, son insuficientes.

¿Qué te lleva a empezar un poema? ¿Una idea, un suceso? ¿Es un proceso intuitivo?

El proceso es ciertamente intuitivo, porque es una enumeración de emociones relativas a un acontecimiento mental perceptivo que se presenta de una forma métrica, versificada o versificable, no en prosa. Por ejemplo, la línea «ilegible es el sol desvinculador del mundo», que, creo recordar, cierra mi libro *Variaciones*, resumido en prosa sería: el mundo es incomprensible y cuando más luz hay, menos se entiende. Sin embargo, poéticamente sí se entiende.

¿Cómo es tu relación con la métrica, el ritmo, el papel de las imágenes en el poema?

Otra pregunta minuciosa difícil de contestar en abstracto: la diferencia fundamental es que el golpe «inspiracional», por decirlo de un modo un tanto estrambótico, venga dado por ritmos o estrofas o en párrafos de prosa.

«En la red de San Luis perdí la vida»… Todo el poema entero viene de ese verso. El primer verso dicta todo el conjunto. Algo así le pasó a Paul Valéry, la primera línea determinaba un largo poema magnífico.

En tu caso ¿cómo relacionas la poesía y la narrativa? ¿Existen vasos comunicantes?

Sí, existen vasos comunicantes porque las narraciones son «polividentes», polifacéticas. No solo polifacéticas porque tienen muchas caras y muchos aspectos, sino porque producen una variedad de estados de ánimo que van desde la narración al narrador y vuelta. En ese trance se nos ocurren poemas, frases sueltas, principios de textos que luego no terminamos… Por eso escribir es una actividad absorbente como pocas, porque nunca dejan de sorprenderte a ti mismo tus propias modestas invenciones.

¿Qué crees que aportan tus poemas a la poesía en español de las últimas décadas?

De eso no tengo ni idea porque no estoy muy al tanto de lo que escriben mis coetáneos y sería presuntuoso pensar que yo también aporto algo. Todos los poetas y narradores aportamos un algo, y la pérdida de ese algo es muy triste. La muerte de un poeta o un narrador es un acontecimiento muy triste para la literatura porque en mayor o menor grado han contribuido a sostenerla.

Pero yo no podría decir en este momento en qué he contribuido y tampoco si alguien me ha seguido.

¿Hay alguna razón que explique por qué tu poesía no ocupa un lugar más relevante y visible en la poesía española contemporánea?

Bueno, hay una razón buena y una mala. La buena es que uno no debe promocionarse a sí mismo más de la cuenta porque es sencillamente ridículo. Y la mala es que, si no te promocionas, no te leen. Resulta que un escritor como yo es en el fondo un introvertido profundo, y una vez escrito el texto o el poema, está contento y le da todo igual. A mí me cuesta trabajo recordar muchos de mis escritos. Quizá este mal ramalazo sea al final un bien para el escritor.

Forma y contenido. ¿Cómo determina el contenido de tus poemas su forma?

Te pongo un ejemplo ya señalado: «En la red de San Luis perdí la vida». E inmediatamente me vi obligado a explicar cómo perdí la vida y a qué hora. Recién pasadas las cuatro de un desvelo. ¿Y qué pasaba? Que en los portales con la espalda hendida, cuaja la noche fina como un pelo. De algún modo, una vez iniciado, el poema se suelta solo. Cada poema o cada estrofa es un poco culebra de sí mismo, se enrosca y se desenrosca velozmente.

¿Cómo sustanciarías tu propia poesía? ¿Qué importancia tienen en ella los paisajes y que relación se puede establecer entre el paisaje físico plasmado como escenario en un poema y tu propio paisaje interior?

Muy buena pregunta. Yo tengo dos paisajes basales: uno es el paisaje de la bahía de Santander, que es mi paisaje montañés, que sale una y otra vez en mis relatos; el otro paisaje es la llanura pedregosa y desierta de La Dehesilla, el páramo castellano. Los paisajes no son solo estados del alma. Son también continuas fuentes de ocurrencia. Mis poemas ocurren en paisajes, no son abstractos o conceptuales, sino situaciones intuitivas que los paisajes ilustran o confirman. Es muy fácil hacer una antología de mis poemas siguiendo la serie de paisajes que he utilizado. Son más o menos siempre los mismos. Santander, el norte, el mar, por un lado; y por otro La Dehesilla, la llanura castellana, la sequedad y la dura belleza del páramo, que a mí me costó entender unos años.

¿Cómo se ha trasformado con el tiempo tu relación con la poesía, con la que escribes? ¿y con la de los demás?

Yo soy un escritor muy aislado y vivo en un medio aislante que es mi casa, de donde solo salgo para ir a la RAE. Las dos grandes influencias en mi juventud fueron

Rilke y T. S. Eliot. Y luego Vivanco, José María Valverde, hasta cierto punto Vicente Aleixandre, Antonio Machado… Tuvo mucha importancia para la composición de *Protocolos para la rehabilitación del firmamento* el libro *Anábasis* de Saint-John Perse.

¿Has escrito alguna vez tus versos contra algo?

(Ríe) No, no tengo una vena satírica clara yo. Hay poemas míos guasones, pero no contra nadie en particular. Yo mismo soy mi peor enemigo.

¿Cuál es el sentido íntimo de tu experiencia poética?

Es lo resplandeciente. Resplandecientes son algunos recuerdos muy seleccionados y resplandeciente es el mundo real que veo desde mi terraza. Es el *esplendor ordinis*. Hay una frase de un poeta americano: «*if one is to be a poet at all, one ought to be a poet constantly*» [*si uno quiere ser poeta, debe serlo constantemente*]. Esta es una idea de Wallace Stevens que, curiosamente, fue presidente de una compañía de seguros en Estados Unidos. Hay un muy bonito texto de Aleixandre en *Los encuentros* en el que un soldadito de remplazo va a visitarle a su casa de Wellingtonia y le pregunta justo eso, si constantemente está siendo poeta, y Aleixandre sonríe y le dice que desgraciadamente no. Hay que recordar que siempre se ha dicho que la poesía es un don del cielo, como decía

Cervantes. Y el propio Cervantes se quejaba de no tener ese don del cielo para escribir poesía.

¿Cómo crees que ha influido en tu escritura poética tu conocimiento y uso del idioma inglés?

Mucho, como puede verse. El inglés es mi segunda lengua, que se ha vuelto cada vez más importante mientras se ha desvanecido todo el francés que sabía. Ahora ya solo leo en inglés, no en francés e inglés, como leía antes.

¿Qué papel desempeña la idea de Dios en tu poesía?

Es un poderoso foco *noumenal*, quiero decir que Dios es una idea que está más allá de nuestra experiencia cotidiana o científica y que, sin embargo, está muy presente en mi conciencia como una presencia nunca olvidada. Se puede decir que he escrito dando vueltas alrededor de la idea de Dios, el inasible. Esto suena más protestante que católico, yo creo.

¿Cuál es la mayor cualidad que debe tener un poeta, y de qué tipo, formal o de ideas?

Se requiere una habilidad formal grande, eso es indispensable: el sentido del ritmo, el sonido de los poemas, etc. Pero naturalmente las ideas son genesiacas: engendran ocurrencias. Los conceptos son conceptivos.

Tras leer varias veces tu obra poética, tengo la impresión de que cada libro es un eslabón de la misma

cadena poética, y que casi cada poema es un continuo de un mismo discurso poético...

Eso es exacto. Y eso hace de mí un poeta monótono en cierto modo. Como decía César Vallejo, estoy siempre diciendo lo mismo, *que padece nombre nombre nombre.*

¿Qué papel desempeña la Memoria en tus poemas?

Bueno, la memoria y la inteligencia son la misma cosa en mis poemas y yo creo que en la vida intelectual. La memoria es inteligencia. Por citar un texto: «memoria/inteligencia, dame el nombre exacto de las cosas», que decía Juan Ramón Jiménez.

¿Te extraña, te irrita, si te digo que tengo la impresión de que tu poesía es tu mejor libro de memorias, una perfecta autobiografía?

No, no me irrita, posiblemente tengas razón. Lo que pasa es que eso tiene que verlo un poeta como tú. El lector corriente no ve autobiografía en mis poemas, creo yo, no lo sé.

¿Qué espacio ocupa la poesía en la contemporaneidad? ¿Qué aporta en un mundo en el que el latido de lo humanístico está, en principio, tan debilitado?

¡Reforzar el humanismo! La poesía es un refuerzo del humanismo clásico y del humanismo romántico. Los grandes poetas, desde un Jorge Manrique a un Lorca, y los nuevos poetas, son introductores de la sabiduría y animadores de la contemplación estética y espiritual. Los poetas nos ayudan a comprender el mundo con sensibilidad. Aquí tenemos toda una estampa local costumbrista y poética de nuestro, para mi gusto, mejor poeta/cantante [Joaquín Sabina]: «me abandonó como se abandonan los zapatos viejos, sacó del espejo su vivo retrato y fui tan torero por los callejones del juego y el vino, que ayer el portero me echó del casino de Torrelodones».

¿Qué esperas que encuentren las nuevas generaciones en tu poesía?

No lo sé. Yo no estoy en contacto con las nuevas generaciones, esa es la verdad. La persona más joven que yo trato es Iñaki, a quien dicto estas líneas, que ya pasa holgadamente de los treinta.

¿Qué dice la poesía que no puede decirse en otro género y por qué?

Si quiero expresar, por ejemplo: «hay toda una hermenéutica de labios / y tu pelo castaño / que no podía acariciarlo nadie / una letrilla popular existe / que dice que tú eras inasible». Ese fue Nacho, un compañero del colegio de los Jesuitas de Valladolid. Creo yo que con esto respondo a tu pregunta. Este retrato tan vivo de

Nacho nunca lo he podido decir de otra manera. No tiene prosa, solo tiene esos versos.

¿Qué poeta te descubrió el valor de la palabra poética?

Yo creo que esta pregunta la he ido contestando a lo largo de la entrevista. El único que no he mencionado es Blas de Otero, cuyo libro *Pido la paz y la palabra* supe en un momento casi de memoria.

¿Con qué poetas identificas tu propio camino poético?

Con ninguno y con todos. Es algo que se ve casi mejor desde fuera que desde dentro. Escribir, para mí, es una tarea cotidiana, casi una meditación interior. Cuando se publican las cosas yo estoy mucho más allá o en otro lado. A veces casi no me acuerdo ya.

¿Hay algún poeta que al leerlo te haya parecido un espíritu afín?

No lo sé. Luis Cernuda, quizá, en ciertos casos, en sus poemas amorosos. Pero yo he sentido gran afinidad con T. S. Eliot cuando estaba en Londres. Yo también trabajaba en un banco, de telefonista, por cierto. Y me identifico con un personaje de Eliot muy característico que es Alfred Prufrock.

¿Vuelves a tus poemas? ¿Y si lo haces, es con curiosidad, asombro, desconcierto…?

Lo primero es curiosidad. Siento, por ejemplo, mucha curiosidad sobre cómo vas a hacer tú mi antología. Positiva curiosidad. Me asombra un poco que aparezcan de nuevo mis poemas después de tantos años. Pero no me desconcierta, estoy preparado para dar razón de esos poemas en cualquier parte, públicamente quiero decir.

Juan Antonio González Fuentes
Santander-Madrid, primavera-verano de 2025

BIBLIOGRAFÍA POÉTICA DE ÁLVARO POMBO

Protocolos. Biblioteca Nueva (Poesía Actual, 12), Madrid, 1973. Con un texto introductorio del autor y una «Respuesta inicial» de Luis Felipe Vivanco.

Variaciones. Lumen (El Bardo, 128), Barcelona, 1978. Con prólogo de Juan Antonio Masoliver Ródenas.

Hacía una constitución poética del año en curso. La Gaya Ciencia, Barcelona, 1980.

Protocolos para la rehabilitación del firmamento. Lumen (Poesía, 72), Barcelona, 1992. Con un texto del autor: «Casi diez líneas largas acerca de *Protocolos para la rehabilitación del firmamento*».

Protocolos (1873-2003). Lumen (Poesía, 149), Barcelona, 2004. Prólogo de José Antonio Marina, epílogo de Ernesto Calabuig, estudio de Wesley J. Weaver, e incluye un anexo que recoge todos los prólogos y palabras de presentación publicados en sus libros anteriores.

Los enunciados protocolarios. Fundación José Manuel Lara, Sevilla, 2009.

Poesía completa (1973-2024). Ediciones Vitruvio, Madrid, 2025. Introducción de Mario Crespo López.

BREVE SELECCIÓN DE LIBROS Y DE TRABAJOS PUBLICADOS EN LIBROS SOBRE LA POESÍA DE ÁLVARO POMBO:

«Bibliografía de Álvaro Pombo». Departamento de Bibliotecas y Documentación. Instituto Cervantes: https://www.cervantes.es/imagenes/File/biblioteca/bibliografías/pombo_alvaro_bibliografia_2016.pdf

CALABUIG, Ernesto. «Epílogo», en Álvaro Pombo: *Protocolos (1973-2003)*. Lumen, Barcelona, 2004.

CASAS BARÓ, Carlota. «Protocolos de Álvaro Pombo», en Irene Andrés-Suárez y Ana Casas (eds.): *Álvaro Pombo. Grand Séminaire de Neuchâtel. Coloquio Internacional Álvaro Pombo*. Universidad de Neuchâtel y Arco Libros, Madrid, 2007.

CRESPO LÓPEZ, Mario. *El Cancionero de José María de Cossío. Una memoria poética del siglo XX*. Visor, Madrid, 2016.

—. *Existir innumerable. La poesía de Álvaro Pombo*. Ediciones Tantín, Santander, 2021. Este trabajo incluye 85 páginas de bibliografía en torno a la obra poética y narrativa del autor.

—. (coord.): *Álvaro Pombo. Una narrativa de la fragilidad. Homenaje al Premio Cervantes 2024*. Ministerio de Cultura de España / Universidad de Alcalá, Madrid, 2025. Catálogo de la exposición dedicada al autor con motivo de su premio Cervantes.

Díaz Díaz, Julio. *Artesanía de olas y de días (La creación poética en Cantabria entre 1970 y 2000)*. Ediciones La Bahía, Santander, 2016.

González Fuentes, Juan Antonio y López García, Dámaso (eds.). *La gracia irremediable. Álvaro Pombo: poéticas de un estilo*. Milrazones, Santander, 2013.

Marina, José Antonio. «Prólogo», en Álvaro Pombo: *Protocolos (1973-2003)*. Lumen, Barcelona, 2004.

Masoliver Ródenas, Juan Antonio. «Variaciones», en Álvaro Pombo: *Variaciones*. Lumen, Barcelona, 1978.

—. «Los oscuros símbolos de la insustancialidad», en *Voces contemporáneas*. Editorial Acantilado, Barcelona, 2004.

Rodríguez Lázaro, Nuria. «En torno a Los enunciados protocolarios de Álvaro Pombo», en Juan Antonio González Fuentes y Dámaso López García (eds.): *La gracia irremediable. Álvaro Pombo: poéticas de un estilo*. Milrazones, Santander, 2013.

Vannuci, Martina. *Variazioni, «l'altra sonorità» di Álvaro Pombo*. Tesi di Laurea. Dipartamento di Filologia, Letteratura e Lingüística, Università di Pisa, 2012-2013.

Vivanco, Luis Felipe. «Respuesta inicial», en Álvaro Pombo: *Protolocos*. Biblioteca Nueva, Madrid, 1973.

Weaver, Wesley J. «*Not ideas about the thing but the thing itself*: una introducción a la poesía de Álvaro Pombo», en Álvaro Pombo: *Protocolos (1973-2003)*. Lumen, Barcelona, 2004.

PROTOCOLOS
(1973)

61051   R EGISTRO de Últimas Voluntades
                 Para un Maestro
        Y un coro de Jóvenes Discípulos

        En mi sepulcro quiero compañero
        Coliflores de mármol de Carrara
        No muchas ni muy grandes que prefiero
        Una Pompa que no te salga cara

        —Que nos dejó al morir las carnes frías
        Un amplio piso en Nueva York en venta
        Y, como pez pasmado de las pescaderías,
        Un libro de poesías en la Imprenta

---

* La antología se abre con este poema por expreso deseo de su autor.

No quiero que parezca que no quiero
Pero quiero que conste que me muero
A *contre-coeur*, por puro compromiso,
Que se me fue la vida sin permiso.
Ahora se desmanda el mundo entero.

—Que nos dejó al morir la boca seca
En paz enteca la fuerza acuartelada
¡Ay desde el Catafalco de la Biblioteca
Nacional se ve venir la Policía Montada!

[SOBRE EL RETRATO DE...]

122   Sobre el Retrato de
       Leonardo Loredan
       He vuelto a ver a este incisivo Leonardo Loredan

       Al fondo azul donde hay él solo
       A copiar este acopio
       De dignidad difícil y de escuchos

       O vacíos

       Rostro sumido en la fijeza
       De su noble máscara
       Consistencia distante de un objeto

       Y la equivocidad del gesto
       Humano
       Contenido en obra

De arte o para siempre trucado
Y desunido en ella

He vuelto a ver el envés de mi vida
Y no lo parecía
Estoy a salvo

Esto es Leonardo Loredan
(Y esto era): su Retrato

133   *Souvenir* de Juan Víctor Navarro
Ante Paul Klee's *Abfahrt der Schiffe* (1927)
De esta rada que no es igual

A radas que uno ha visto
De la luna anémona
De los débiles muelles

De esa señal anaranjada que se opone a las velas
Como se opone el puerto a la partida

¿Ves tú una ciudad detrás?

Vecindario audible de esas gigantes velas
Vigorosas interrumpidas rojas
Prendidas a madera salpicada y blanca

Aunque es de noche

Tú que vuelves
De los peligros incruentos de las tizas
Que ibas por el alba recién adivinada

Con la nariz de carboncillo y los octavios
Bombachos de papel cebolla

Has oscurecido el dulce estéril
Reino de la mirada
Para saber de verás cómo veía quien veía

Ahora desvelado aceite infiel
De girasoles
Acuarelas de lluvias a priori

Las grandes rayas de los gatos pardos

O Godofredo
Que traspapelaba el musgo artificial del Invierno
Herboso y frágil

Hace ya tantos años
Que parece ayer mismo
Por la tarde a las siete vas a la Academia

Ahora la memoria
Que empuja los misterios y los rostros
Los pelos las narices y «La Vaca Lechera»

Tierra Adentro
Se parece a nosotros

Tus policarpios dedos abstinentes
Repintan nuevas selvas
La ocarina y las selvas de Silvanos del mar

[SOBRE EL RETRATO DE UN MUCHACHO…]

144   SOBRE el Retrato de un Muchacho
No se sabe
Si es cosa tuya la distancia

El rostro
Incierto y joven el incierto
Trazo de tus labios

Bien poco ahora importa
El origen de tan vasta espesura

Lejos del tiempo y del fracaso
Te coge el lienzo firme
Sin reservas

Y firmemente te separa
De todo amor
Y de tu vida

Recuerdo bien tu delgada figura
Tus pasos alquilados
Los recién coleccionados gestos

De tus manos que el pintor desatento
Te adjudicó para siempre
Como un sombrero falso y festivo

Caminatas que hundían
La tersa arena carcomida
De la orilla

Algunos días
La desbandada lluvia
Goteaba en los patios

Hasta tu lecho llega
Su vecindario desvelado
Así sería la lluvia: como

El agitado descanso
De un adolescente
Así reverdece como una enredadera

En los nimbos de las farolas
Del muelle sumiso

Tristeza venida de otro infierno
Ilustra también este
Familiar hilo de agua y sangre

Que turba la serenidad de las frutas

Sería injusto
Acceder de nuevo a tantas veladas inútiles
A miles de sentimientos todavía en buen uso

A caricias cuya acogida equívoca
Era la verdadera mejilla

Innegablemente simple ahora
Sin arreglo
Hallada tu figura

[ENUMERACIÓN...]

177 Enumeración
Por el alma de un intelectual
Apolítico

Un error parroquial multiplicó los difuntos
Según se dijo ambos habían muerto
Tuvo un traje marrón

Coleccionó aforismos
Sus manos fueron una mentira piadosa
En el armario

Hallamos dos pares de zapatos
Florecen los geranios en las ventanas
Del valle

En la pulcritud opalina de esta ciudad
Limpia y vacua
En una hoja de papel se lee: *esse est percipi*

Pidió prestadas ochocientas
Veinticinco mil cuatrocientas setenta y una
Pesetas

Oh vanagloria subcutánea de sus adolescentes

Eligió pensamientos abstractos
Y numerosas contradicciones de gran mérito
También San Anselmo y Arquíloco de Paros

Bordearon la existencia imprecisa
Es un documento apaisado
De quinientas hojas vivaces

Oh crisantemos demasiado visibles
Y demasiado caros
Hubo que desempeñar sus apotegmas

Encontramos alrededor de
Tres mil verdades selectas
No es fácil decir qué edad tendría

En Primavera
Coleccionó aforismos
He aquí un testimonio caligráfico

[TÚ SABÍAS...]

2514   Tú sabías
Una canción de sílabas blancas

Tú hubieras vuelto a tiempo
De la calle insegura y copiosa
Hubieras encendido las luces de la sala

Y la mantelería de hilo silencioso y cálido

Y hubieras pensado acerca de mí
Sin duda alguna
En la estación inmóvil o en Valladolid

Una hora antes del primer coche de línea
Una hora antes del café y las porras llueve todavía
Sin fondo
Sobre los encharcados quioscos de la noche

Bandadas que deshacían la alcancía del cielo
Sobre los tejados laboriosos de pueblos urdidos
En graves valles sin agua

Hermano
El atardecer es una falsa prueba de amor
Y tú lo sabes

[OÍDA TRISTEZA DE LA PALABRA LLUVIA...]

3822   OÍDA tristeza de la palabra lluvia
En el vano del agua
Recuerdo que murieron a la vez y de lo mismo

Ambas hermanas
Todo parecía
Leve y variable como el viento

Que sin fin empuja lentas ubres húmedas
Hierba adentro del cielo
Dócil lluvia del triduo de las ánimas

Benditas
Que encharcaban los prados del Alto de Miranda
Y la noche vecina en Las Farolas

Darán con uno
Que se parece a uno que se parece a uno
Muy parecido

A mi
Fotografía del Libro Escolar de las Escuelas Pías
Los serenos los buzos la secreta

Le llorarán los niños de Colegios
En el recreo de la tarde

[HAN CRECIDO LOS NIÑOS...]

4326   HAN crecido los niños
De tres vecindarios en estos años

Efemérides de los cuadernos
Que se empezaban para no terminarse
Que se dejaban con la primera hoja blanca

En blanco y que más tarde poblaron oes de
Las ortigas días de las semanas años
De cardenillo y lluvia

Dicen que la cal viva se murió y se fue al cielo
Raso de los sollozos novendiales

Me detuvieron dos veces en Atenas
Por esperar el Santo Advenimiento
Me forzaron los Guardias de la Porra

Y volví a no dormir donde no había dormido
Cinco lustros atrás
Entre el Rey de Bastos y el de Espadas

5335   Te perseguí por los bosques
Te confundí con un fauno
Te mezclé con huecos

Paseantes del alba

Te vi en los espejos
De las zapaterías de moda

Oh amor
Entre los restos gloriosos
De la ciudad a través de negruras
De huelgas de la luz

En el mercado incierto eran las cuatro
Aún gatos pardos
Absolutos grasientos escarban en los cubos
Metálicos de basura

Harto de *cod and chips*
Por fin te hallé
Oh hermosura verdadera

Ahora no sé
Si convidarte al cine o suicidarme

[LA MEMORIA ILUSTRA...]

5739   LA memoria ilustra
        Esa estación indiferente

        Mediodía invernal de coloradas
        Mejillas y húmedos zapatos

        Quédate conmigo todavía otra tarde

        El tiempo el hombre
        Traman las distancias

        Los instantes que aluden
        Vagamente a la muerte

        Grúa dulce y ágil de Entrecanales
        Y Távora Sociedad Anónima
        En el desmonte

¿Cómo habilitaré el futuro?
¿Habré dicho demasiado o lo mismo
Demasiadas veces?

Quédate conmigo todavía otro rato

Barrio ondulado y tierno de la víspera
Al borde de una ciudad al filo audible
De las anémonas

A ser me acostumbró la muerte
Me acostumbré a tus piernas a tus manos
Adiós hasta la vista

Hasta el futuro Viernes día veintiocho
Quédate conmigo que soy rico
Que sé hablar de filosofía y letras

[*LO HE OÍDO AYER TARDE O AYER NOCHE...*]

6243   Lo he oído ayer tarde o ayer noche
Cruzábamos el patio encharcado y vacío
Se dijo en general

Como se oye el viento firme y baldío
Detrás de las cortinas
Dudando alzándose

Como la llama de las velas súbitamente escapando
De un sentido a otro sin motivo
Arrugándose en la ilusión tibia de la cera

Y las abejas muertas lejanas

Después de tantos días empezados e inmóviles
Copia la figura núbil de la tarde
El invierno el viajero dormido la herbosa escarcha

La identidad traslúcida del firmamento
Londinense
La menta de este cielo sin sustancia

Copia la hora que era
La hora que iba a ser
Y las figuras más sencillas que no ofrezcan

Lugar a duda

[LA MUERTE ES COMO NOSOTROS...]

6445 La muerte es como nosotros
      Llana leve puntual como nosotros

      Deja sin acabar las casas y los árboles
      Frutales
      El odio y el amor que en limpio copia
      Con ilegibles trazos

      No
      No os engañéis
      Los muertos no nos perdonaron
      Ni nosotros a ellos

      Todavía en la muerte
      Se consume el odio sin concepto
      Y el amor se borra de los labios
      Cada amanecer sin fondo

[¿QUIÉNES SOMOS?...]

5950   ¿Quiénes somos?
¿Qué plurales sujetos hacen falta
A libros de poemas?

¿Qué poesías didácticas debiéramos
Compaginar con nuestra mala potra?

Alégrate si la ciudad es dichosa

No os llevaré entonces hasta el final del jardín
No enseñaré de nuevo la lección de la muerte
No sé acabar sin repetir lo que empecé diciendo

Larga ha sido la inútil afirmación del arrepentimiento
Y la vergüenza del respeto y las voces de mando
No contéis conmigo

Camaradas no contéis conmigo: morir está al alcance
De todas las fortunas

Alégrate si la ciudad es dichosa
Estropeé las vistas los paisajes
Me tiene rabia
Y los amantes

Soy un caso maligno de catarro común
Alégrate si la ciudad es dichosa
He olvidado los nombres de todas las ciudades
Todas las direcciones y todos los teléfonos

Descontadme del llanto y de mi llanto
Borradme de la muerte innumerable

Alégrate
Álvaro alégrate si la ciudad es dichosa

VARIACIONES
(1978)

«Digo si es uno y el mismo soni-
do el de una cuerda o bien siempre
distinto cuando la cuerda se mantie-
ne la misma y se mueve igualmente
(¿movimiento uniforme? ¿el mismo
movimiento?)».

ARISTÓTELES
Física 8, 2, 252 b 33-35

VARIACIÓN PRIMERA

Nos escandalizó la belleza de las miniaturas
Aquellos medallones esmaltados
envejecidos suavemente como pájaros

el voluptuoso desorden de los juguetes
de los niños imitados
la palidez vivísima del esmalte de la muñeca suicida

Las cajitas son como pétalos los dientes arbitrarios
como graciosas púas del rosal de la Virgen María

¿Quién es o qué es
esa larga muerte que me aguarda?

En la vitrina estábamos muy cerca
de los paisajes nevados nosotras las muñecas
y los serones y las casitas

En la vitrina estábamos muy cerca
de la muerte ecuménica
nosotros dos

VARIACIÓN TERCERA

SEPARADO de la muerte por una barrera imprecisa
me descrito con letras tranquilas como islas
a espaldas de las criaturas reales

a medio camino entre la realidad
y la fábula
dulcemente tejido alrededor del cuerpo

de gigantescos árboles aún sin nombre
apoyada la cabeza en láminas de piedra pulimentada
con agujas de lluvia remota

multipliqué las llanuras y deshice las lindes
de las falsas heredades posibles
hasta unirme a la glotona lengua subterránea de sedosos ríos
     como mercurio

VARIACIÓN QUINTA

LLEGÓ a sernos familiar el tiempo de este mundo
y la ciudad poblada por el mar de octubre a octubre
las islas umbrías del indeciso viento las azoteas nupciales

y la cuesta arenosa bordeada de tamarindos húmedos

En la explanada no lejos de la playa se reunían los jóvenes
al atardecer
como en un relieve de hojas y cántaros

Fue una ciudad sencilla y posible al borde de los ojos
que contaba con dos tranvías amarillos y un barrio
    comercial
Recuerdo que apenas oscurecían al oscurecer las
    hortensias

y tus manos imaginadas que no soportan peso alguno

En las alamedas hay bancos de madera para el confuso
    octubre
En las alamedas hay bancos de madera para el confuso
    Octubre
y nuevamente el impreciso destello de piedras bajo el agua

Hundido en el limoso silencio de los monstruos y peces del
    estanque

En su lugar los días de las hojas de atrás vacías o tachadas
A tientas por sus miembros creció el sueño ríos terrenales
precipitándose en ávidas gargantas

VARIACIÓN SÉPTIMA

AQUEL viaje duró muchos años
acabó pareciendo estancia el tránsito a lo largo
de carreteras polvorientas e inconclusas

y tu espejeante belleza que nos sostenía de lejos como un
    himno

Los perros nos conocían mal nos agredían airados al atardecer
nos seguían porque el desperdicio copioso era más copioso
que el alimento mulas muertas los años lóbregos y violentas
    peleas

que duraban hasta el alba

Tu belleza como un himno que imaginariamente pertenecía a
    los valles
y los árboles distantes con su falsa promesa de fruta

Borrachos golpeándonos abrazándonos copulando
con la insatisfactoria erosión y copulación de gigantes

Los viejos cagaban sus diarreas monótonas
quejándose del vientre y del calor y el frío inventando
    historias
de amor entre nosotros

y leían la pupila de los atardeceres el latido de las vísceras
de los animales sacrificados en provocación de la lluvia
La luna resplandecía en los abrevaderos llena o curva

Mortalmente pálidos lomos del ganado que nos seguía
    mugiente

VARIACIÓN OCTAVA

Dudábamos solíamos pasear al atardecer preguntas
que no se formulaban nunca o respuestas que nunca
parecían completas

Eran los días sinuosos de la madurez de muchos de nosotros
el cielo invulnerable resplandecía demasiado
y los hombros cuajados de meditación inservible

vacilaban ante la grave acusación de las herramientas

e imaginábamos jardines esos días remotos circundados
por altos muros de piedra y hiedra surcados por las nubes
    irregulares
recluidos en rosaledas cálidas donde surte una fuente
    confiado

hilo de agua entre las guijas

lo transparente nos sorprendía en exceso
y la hierba demasiado verde húmeda y frondosa de los
   rincones
equivocaban los miembros violentos que aspiran al
   descanso monótono de un vientre obnubilado

Apenas hablábamos contemplándonos recorríamos
   mentalmente
caminos recorridos tiempo atrás repasábamos los errores
recontábamos con dedos inseguros los muertos y las
   pérdidas

tratábamos de adivinar el significado de la viveza
de frases insignificantes y la llegada de un huésped
   inofensivo
nos sobrecogía largas horas como el augurio
   inesperadamente

sonriente del crecimiento analógico de las orquídeas

VARIACIÓN DÉCIMA

LENTAMENTE el amor que se provoca a sí mismo con
    respuestas de doble
sentido y gestos convertibles a gusto del cliente
trama la floración de sus abejas conspicuas

una ficticia sucesión de días y de noches en la espesura
    poliforme
de una sola conciencia

aunque no era mi intención sorprenderte he vuelto de
    improviso
contaba con que seguiría en su sitio el perro
    despellejado y sombrío
el brocal gastado del pozo sombreado por lo álamos
    tintineantes

y contaba con tu inmovilidad como se cuenta en junio
    con la tersura

celeste o una gracia inmerecida a cuya esperanza nos
    acostumbró
la pesantez de los atardeceres sin advertirlo nadie y sin
    remedio

contaba con que el amor (o cosa parecida) se
    acumularía
con un tanto por ciento minuciosamente registrándose
    en contadurías objetivas
calculando al céntimo por contables semovientes de
    labios cuneiformes

Las hormigas han poblado de hecho los números
    arábigos
edificando almacenes en las cifras frondosas
años y años de sinsabor y de apuntes contables
que resplandecían en la memoria infértil como una
    promesa de fruto y descanso

VARIACIÓN DECIMOTERCERA

A veces las selvas decrecían y una resplandeciente plaza
bordeada de majestuosos pórticos umbilicales nos
     detenía algún tiempo

Ahí la silueta de los tejados las chimeneas agudísimas
     las líneas
de una ciudad que el sol poniente ponía de relieve con
     la nítida batimetría
de una ciudad pensada

Era ésa ante todo la clase de enseñanza que enseñábamos
y que durante largas horas conducía los dedos de los
     niños por la encerada
piel de las castañas silvestres o por la minuciosa y sabía
     disposición

de llaves y agujeros del oboe imaginando a solas la
     plenitud remota

de un oboe ya hombre a solas entonando oscura
    melodía de amor que es
amor nuestro

De ese modo indirecto en largas horas de habitaciones
    largas y vacías
enseñábamos a copiar la distribución de la luz sobre las
    superficies
espejeantes del espacio y el tiempo

Oh no imaginéis jardines invocad las cosas por sus
    nombres
Renunciad a la luz malherida de los lemas equívocos de
    la intención cobarde
y la acción doble

No a imagen nuestra a imagen de la luz disponed la luz
    de vuestras páginas
dibujos partituras artefactos ejércitos e incluso
    Sociedades Anónimas
(si es que vale la pena u os hacen sitio los Contables)

Sois hijos de la luz sois nuestros hijos

Así cuando la muerte visible sea ya o la tristeza sea
    inevitable o torpe
llevadnos a morir con dignidad y piedad sin ruido
    alguno así como nosotros
en largas horas de habitaciones largas y vacías
    enseñamos a disponer
la luz de vuestras páginas (y no nos recordéis que el
    acordarse es de malas memorias)

Ahí somos en selvas que hicimos transparentes
Haceos a la muerte desde hoy desde ahora

VARIACIÓN DECIMOCTAVA

No nos abandones en figuras inmóviles que hechizamos
    y nos hechizaron
porque aunque es culpa nuestra la culpa no es nuestra
aunque el amor es nuestro es también de los árboles

Ten piedad de la luz imprecisa que circunda ese rostro
imaginado no acariciado y continuo como la voz plateada
cuyo nombre he velado para gemir sin rostro junto al suyo

No nos abandones cuando la lluvia empaña los paisajes
y las fábulas empañan la pulcritud de los seres

Este es un valle pobre y sin recuerdos nadie quiso regresar
    aquí
o quedarse
los niños no sollozaban nunca y los dedos oscuros
    ordeñaban las ubres como zarzas

Cubierto por la ampliación de unos créditos permanecí
 entretanto
enamorado de ti sin júbilo y sin suerte
Acuérdate de mí cuando entres en el maravilloso gesto
 circular

de tu reino

VIGESIMA VARIACIÓN

Sus venas como los ríos son iguales que tú
los dedos de los cristales los nombres escritos en el vaho de los
cristales tu nombre escrito en el polvo de los cristales

Durante todo el verano la sala se detenía en la calma de las
    hojas
aquel verano aprendimos las nuevas inclinaciones del cuerpo
y al atardecer llorábamos

Nunca creí que hubiera otras ciudades gentes como nosotros
    ajenas a nosotros
aquel verano todo pareció mucho menor y más íntimo
miles de sentimientos que se ahogaban en un vaso de agua

Los árboles coincidían contigo cada tarde la tarde
coincidía contigo cada tarde el autobús
llegaba tarde cada tarde y tú llegabas tarde cada tarde

Oh amor qué tontería era el amor y sigue siendo!

VARIACIÓN VIGESIMOTERCERA

Seis veces volvieron a morir los mismos reyes mancebos
que picoteaban las miguitas de pan sazonado
¿No es demasiado para un solo sacrifico la multitud de
    mi culpa?

Y las noches de lluvia que se suman a las noches de lluvia
a la memoria inútil de los charcos
Tiene de nuestro pecho ternura en flor la acacia

En el umbrío atrio de la mirada
tras huellas que magnolios furtivos dejaron en el cielo
¡Oh que en la espesura firme de tu pecho dejara el sol
    tatuada la tristeza!

¡Todo qué cursi y qué bonito todo!

Oh horteras concupiscibles hijos de doncellas
yo os amo (dentro de lo que cabe)
Dentro de la caverna toda tristeza es imaginaria

VARIACIÓN VIGESIMOCUARTA

Un ver ahora en páginas tachadas cómo era decir y ver
aquella hermosa textura ficticia que las frases cobran al ser
   dichas!

La plusvalía de sus versos era en vano impulso
Dicen que huyó a noviembres de otros cielos de cobre
   vacilante y de patos
que imitó desde lejos como la luna llena las venas y las sombras

de la tierra perdida sembrada de vitalicias zorras y cucos
   burlones

Afuera es la ciudad tortuosa de otra vida
yo fui un señorito pedante y trascendente en ella estaba tan
   solo
que veía doble y lo dijo la Seño en la plazuela:

de soledad que es de sálvese-quien-pueda no te salves

Miríadas de pececillos alrededor de un anzuelo cebado
   y móvil
todas las tardes nubladas
y la silueta al final de los novios

VARIACIÓN VIGESIMOSEXTA

En los juguetes descabezados en las revistas haraposas de
    las salas
de espera en los *Gentlemen* donde se lee: *Venereal Diseases
Are Dangerous* en los obturados deseos en las tardes de
    lectura

en la sala agobiada en el tintineo de las cajitas de música
en las nalgas de Joseph el hotelero húngaro que chancletea
la equivocidad primorosa de sus sandalias de suela de
    madera y dice:

I'm an old cocotte

en los escaparates de las peleterías de lujo en los escaparates
de Praed Street donde objetos sin límite permanecen
    gastados
como frágiles camisas de culebra

en el *Food-Store* entre las frutas alrededor o debajo de
    las chirimoyas
alrededor o dentro de las barnizadas manzanas
no hay tristeza alguna

VARIACIÓN VIGESIMOCTAVA

Y tras la muerte fuimos niños nosotros dos
Se trajeron las sillas a sus sitios de siempre se cerró el
   armario
de su cuarto

y se ataron sus cartas en paquetes inmóviles
La nariz se pudrió antes que las entrañas
y su frente se descompuso antes que las tripas

Sus retratos se llenaron de hojas insignificantes
y sus labios se parecían a todos los labios

Reunidos en la cocina sin encender la lumbre
   regresamos poco a poco
al curso inconsistente del tiempo
Sus ojos fueron como todos los ojos fugaces

y la abstracta huraña de objetos empeñados empañó sus objeto
de uso personal
¡Oh gigantesca espalda objetiva de la muerte!

Un cepillo de dientes es solo un cepillo de dientes y un
    hombre es solo un hombre

TRIGÉSIMA VARIACIÓN

TAL y como la muerte se entreteje así se entretejen
    amorosas monótonas imágenes
que miles de millares de criaturas iguales que yo y
    como yo entretejieron
en soledad e insomnes larguísimas estancias opresos de
    alegría ilegible

que en última instancia se deshizo como todo se
    deshace sin más explicaciones

Nunca ninguna fuente permaneció un instante
Nunca ninguna cosa sólida permaneció constante
Mirada que contenía el mundo se desprendió del
    mundo (toda muerte fue dulce)

Ni de mí ni de nadie hubo vestigio alguno
Emborronados fuimos los desiertos sirocos toda muerte
    fue dulce
Emborronada empeñada belleza de este mundo

Por eso fue preciso que tuviera cuidado no separarme
    mucho para evitar de pronto
que premura inconclusa luciente inexistente pareciera
    más fuerte que el albedrío
de el alba

ocupara de pronto el sitio descuidado desconcertada el
    manso fluir
que entretejieron imágenes monótonas que amorosas
    criaturas como yo entretejieron
en soledad en oscura multiplicación deslumbrante que
no significa nada

Oh no no me traiciones Álvaro yo lo dispuse todo
    imagen tras imagen
yo contaba con ello yo supe desde siempre que mi
    muerte es así y mi muerte fue dulce
Ahora ya es lo mismo

VARIACIÓN TRIGESIMOPRIMERA

TAL y como la muerte meticulosamente se entreteje a
    distancia así se entreteje
una oportunidad que perdimos meticulosamente el
    transcurso voraz de las cosas
que nunca fueron dichas o los actos que nunca fueron
    hechos

raíz insuficiente ilimitada amarga que el equilibrio
    enturbia
de piedras de torres o palacios o templos que en su día
    sirvieron a guerreros
o sacerdotes o príncipes y que incluso los dioses
    visitaban sin apresurarse

mas con cierta regularidad deslumbrante a su aire en
    días equívocos

Todas las cosas que imaginamos juntos y dibujamos
    juntos
se deshicieron como el viento sin verse deshace
    imaginaria compilación de un otoño leído
o las dalias o las hojas o los magnolios que herencias
    echaron a suertes

Solamente un dios comprendería el suplicio de esas
    audiencias que jamás se conceden
y que en la vacuidad de su esfuerzo igualan la
    divinidad de los dioses a la nostalgia del hombre

Sabiéndonos de sobra deshechos con la terquedad con
    que un niño deshace sus juguetes

¿No sería preferible deshacernos de toda posesión o
    esperanza —incluso la más mínima—
y dejar a la pura voluntariedad de la divinidad lo divino
    lo nuestro (que ni siquiera
es nuestro —o de los dioses— aunque los dioses lo
    consideran suyo

lo mismo que nosotros)?

VARIACIÓN TRIGESIMOSEGUNDA

Nos enredó la opacidad de tu corazón las montañas
disimuladas tras lirios
y las letras implícitas iluminando ilícitas melancolías
absurdos documentados
copiosísimamente

Nos enredó la dulce mortandad de los infieles rostros que
son ahora y no son
lo mismo que eran entonces y no eran y las selvas pensadas
por donde como gríseos ratoncitos de campo iba la suerte
abriéndose camino

Ten piedad de mí porque en la muerte hay salvas que a
victorias parecen
referirse a la vez que a derrotas ten piedad de mí porque
los niños tienen miedo
y frágiles azules de la ternura quiebran en sus ojos

Acuérdate por mí de la sencillez lluviosa de un otoño
cualquiera
Acuérdate de la sencillez del invierno sin pájaros y los
árboles labios
que pronuncian a secas la primavera próxima

Acuérdate de los hilos de la luz y los postes de la luz
que unen pueblo con pueblo
en las comarcas secas de tu tierra y la mía acuérdate de
la grandeza inerme
de los sembrados que dependen del cielo y de los dioses

Acuérdate del tren que silba silbos y cuya lejanía imita
la lejanía del mundo
Acuérdate de mí como recuerdas barcas fondeadas
tamarindos ligeras sobre el agua
dársena de lo implícito

VARIACIÓN TRIGESIMOQUINTA

CUANDO eras niño como yo y te hablaba tanto temía como
    temo ahora
los rostros las envidias los celos los encantos los años
de los otros

de tú por tú en toda aquella secreta circunstancia de ser los dos
lo mismo Tú Dios yo niño

Créeme que te amaba no mucho más o no mejor que ahora
    amo las pocas
cosas que me quedan
los mismos miedos los mismos años los mismos otros son
    mayores

que no he crecido nunca o porque nunca creí que era crecer
    asunto nuestro
crecer siempre se dice que es lo Tuyo seguro que es lo mismo
    que

ser eternamente alameda sendero montaña inaccesible
o Dios oh Dios inaccesible

Oh Dios de nunca jamás de los jamases cuando la
muerte borre mis
sentidos y nublen las acacias las vistas de los cielos
y largas deidades presurosas como sombras de lluvia
crucen sobre una tierra sollozada en vano

acuérdate de mí que siempre tuve miedo y te amé
siempre como aman las criaturas
que no creaste Tú aunque en salvarlas empeñaras lo
eterno que es lo Tuyo

mi conciencia

VARIACIÓN TRIGESIMOSEXTA

DESHAZ todos los reinos que he inventado mis fábulas
    mis nombres
porque en la nieve acumulados lirios más dulces más
    fríos que nosotros
dicen lo suficiente sin hablarnos

Tu nada y tu pobreza es limpia como un árbol temprano
que no recuerda nada o nadie ha visto
Oh Dios sin ser ninguno deshaz todas mis fábulas
    deshazme

para que vuelva no siendo ya y regrese al borde como tú
de una canción de amor aún no aprendida
Oh Dios deshazme

TRIGESIMOCTAVA VARIACIÓN

El alba es un laúd lejano
El cielo es una gaviota imaginada
E imaginado es todo hasta el olvido

No hay más acá que sirva de paréntesis
Ni más allá que sirva de horizonte
Imaginado es todo hasta la muerte

E imaginé tu amor que no existía
E imaginé que imaginé tu amor que no existía
E imaginé que imaginé que imaginé tu amor que no existía

El olvido y la muerte fueron reales sin embargo

HACIA UNA CONSTITUCIÓN POÉTICA DEL AÑO EN CURSO

(1980)

1.1.

H E oído los pasos de un tropel funerario regocijado
y dorado
que durante días y noches el dintel atropella
del hueco de la luz de un patio blanco.

Herrajes de las carrozas balanceantes
a la hora de la opacidad de los tilos el henar las acacias
y los vencejos multiplicados de pronto en el reducido
cielo
de una ciudad limítrofe.

Tálamos ensombrecidos de dulzura solo
equivocadamente predicable de bodas
ilícitos instantes que en las piedras preciosas de los
faquires duermen.

Como los peces verdean los álamos panza arriba el aire
del soto

así meriendan los chiquillos al atardecer
parvón abajo resbalando desmoronando las cuentas del
    bálago
arreando las imaginadas mulas de los carros dejados

en la era regatos de perejil de lluvia o menta o
    bordeantes girasoles.
Así los días crecían menguaban indómitos

personajes idénticos a personajes que ya he dibujado
cruzan o se detienen al borde de mi vida.
¡Oh imagen y semejanza de los hilos de las enredadas
    cometas las nubes!

1.4.

DOMINIO en tierra alzada octubre de los cántaros
mazorcas de nieve de otras lindes
alturas de otro cielo
· niños de veredas ocultos sabios hojas.

Una sabiduría imperceptible que no contradecía
a inmadurez de los frutos ni la madurez de los frutos.)

Así entre los imaginados campos fervientes
huecos limpios ojos cernían la avena incorrupta
candelillas festivas de infinitesimales labios

que de nosotros dos conversan con ninguno.

¿Cede ya encandilada la tierra asediada por las cabeceantes flores
de la harina dormida?
No lo sé.
Nos dijeron que huyeron los vencejos los años.

1.6.

UNA mujer, al regreso, les ofreció pan y vino y manzanas
que como su mirada, alejada del juicio y del afecto,
olvidadiza, sumisa, sumida en las cestas de fruta
y las tinajas de harina tranquila y solemne,

evocaron súbitamente el pausado, vergonzante, retiro.

Ninguno deseábamos afirmar o negar
que volvíamos a la ciudad monótona
eludiendo las tardígradas sombras yacentes

de animales, amigos, vehículos insepultos,

entretejidas ya las ebúrneas fauces de las mentiras que diríamos,
adjetivos ya nuestros actos de la petrificada hierba,

eludiendo nuestros nombres propios y el nombre
de la tierra inmisericorde que no habíamos alcanzado

diendo el cálculo de los soñolientos días y de las pensativas
  noches

e sobrevendrán al transcurrir los años.

nontonadas ya en los diarios y los semanarios nuestras fotografías
mo restos mortales.
esconocidos mutilados por desconocidos sedientos de justicia
  poética.

rogantes aún cicatrices de la iniciación heroica
davía creídos de los propios deseos y las sedas violentas
aestros todavía de las superlativas lanzas.

mos de las palabras que ya no pronunciamos.
a lugar de entereza una estirpe cazurra
 deseos comunes y equivalencias obvias.

ansitables de sobra las provincias diurnas,
reciaban las mulas cada vez más el paso,
 mismo que nosotros cada vez más distantes
el desierto y los buitres y el esfuerzo y el alba.

l margen para siempre ya de los dioses.

ILEGIBLE es el sol desvinculador del mundo.

2.9.

dicen que Dios de niño era lo mismo
pequeño por lo visto con la lluvia

relucían los huecos por la noche
alta muy alta y empinada lluvia

por la oreja cabían de las cuevas
de los perros los gatos y nosotros

el fondo siempre más y más arriba
te juro que de niño lloviznaba

¿verdad madre que sí que era lo mismo
que Dios era lo mismo que la lluvia?

2.11.

PAVIMENTO solar pavesa impávida
pábilo de la lluvia o Dios
raquero de este barrio.

Seguro que es lo mismo.

Alcancía gigante de los años
que no por ilegible es el sol menos.
Y ceniza que vuelas y polvo de los trigos.

3.14.

imitación súbita de este mundo igualado
por todas las gargantas de todos los ríos lejanos
por todas las provincias de todos los bosques que callan o
    murmuran
anónimo singular equilibrio de todos nuestros miembros y
    nuestros ojos.

¡Oh Adviento!

Oh voz de tarde en tarde urgente y más urgente en pacíficas
radas de nuestras mesas iluminadas.
¡Oh ilegible vocación del amor el olvido!

4.15.

Parece que es la luna por las huecas montañas,
parece que es la hora por las huecas campanas.
Nosotros no quisimos llegar a ningún sitio
pero alcanzó la muerte como la mar altura
hasta dejarnos solos con su boquete abierto.

Cipreses de hace mucho
que amansaban el cielo de un caserío antiguo.
¿Quién soy? ¿Quiénes somos? La luz no es patria nuestra.

¡Oh apiñado musgo de los resbaladizos montes siempre
    encapotados,
sumidos para siempre en el cielo ciclópeo de las
    borrascas adversas!

¡Cónsules y Procónsules, Gobernadores,
    Administradores de las provincias áridas
que dejáis paso libre al inmóvil cortejo,

una y la misma significación parecía
corresponder en vida al difunto adjetivo!

Exequias generales de un castaño noviembre.
Agudizo, aocado por la estación el curso
melancólico siempre del honor y la gloria.

4.20.

Vuestra es la luz de toda España, Hermanos.
Que España nos confunda de lenguas y apellidos.

Vuestros hijos serán barrios arábigos cristianos y judíos
parecerán eternos y hondas altas serán nuestras regiones
persuasivas.

Lares seréis de España en cada tramo estambre de
quebrantos.
Eran así los Dioses y aún nos hablan.

Compañeros Hermanos Camaradas vuestra es la luz de
toda España.

4.21.

TODOS los árboles eran un solo árbol todos los sitios
    eran un solo sitio.
Eran la mayoría de mis amigos muertos mis escondites
    muertos y mis amigos muertos.

Aunque copié del valle el trigo verdeciente en la
    redonda luna crecida
y recién hecha
ya no me acuerdo madre no me acuerdo de nadie no
    me acuerdo de nadie.

ROTOCOLOS PARA LA REHABILITACIÓN DEL FIRMAMENTO
(1992)

U NA remota idea de sí mismos hizo volver en sí los
  verdes a los álamos
No es por nada, dijimos, fue por casualidad

De pronto volvió el viento a irrumpir desventrándonos
Desmembrado intratable fruto de sus imágenes

Hablábamos de llamas sin querer ¿no te acuerdas?
De aureolas de cúmulos de nimbos de fiestas como
    ciudades lentas de domingo
También nosotros cada día del año celebrábamos fiestas
    grandes fiestas confusas
Aéreos todavía aprensivos pendientes de recuerdos
    incrédulos animosos iluminados perplejos

¡Oh hilo de la perplejidad que recorría invisible el
    inmenso tapiz de los sentidos!

Recuerdo que decías: En realidad es falso si bien se
    mira es falso
Recuerdo que dijiste: No hay que tomar en serio todo
    lo que se oye
Es una magia clara momentánea celeste siempre ha
    podido el cielo persuadirte de pronto
Repetías, sonreías: ¡Has sido siempre así!

¡Como cambia el tiempo el corazón cambiaba
De pronto ya era otro y la luna esmeralda!

Nos deleitaron los árboles porque se habían vuelto
    inverosímiles como las ánimas benditas
Y el variable azabache exaltador de firmamentos aún
    muy fríos de las noches de marzo

Nos deleitaron las lunas superpuestas
Y las livianas sedas con estampados de hojas y tucanes
Y el premioso crespón encaramado a vino de Burdeos o
    al negro colosal de los trajes de cola

o a un espléndido gris a tono con la edad con el alivio y
    con la sobriedad de los aderezos de las Generalas

¡Ah nos deleitaron las lunas superpuestas!

Y los atardeceres que contienen un semen que cavila
Y todas las locuras
Nuestra propia locura era una salvedad bien tolerada
El borbotón de semen en los labios
El tiempo de un pitillo antes de nuestras citas

¡Cambiaba todo el tiempo el corazón cambiaba
De pronto ya era otro y la luna esmeralda!

Era una salvedad la vida entera una excepción a toda regla

Fueron los tiempos del amor sin hilos
Todas las caras una misma cara

Fueron los tiempos del Puntal y de las islas llanas
Fueron los tiempos de pequeños barrios de azoteas claras
    y tendales con la colada añil recién tendida
Fuimos todos iguales

¡Cambiaba el corazón tan de repente!

¡Como cambia el tiempo el corazón cambiaba
de pronto era ya otro y la luna esmeralda!

¡Oh láminas calcadas contra el cristal lluvioso el
    bodegón con jarro el florero con rosas!
Imágenes caladas por la lluvia del fondo de un espejo
    alargado que ya no nos refleja

Inermes los castaños mansos crédulos ojos de las yeguas
    las mulas el percherón las vacas
Todo el rectangular abrevadero se reflejaba en ellos
Convexidad de la ondulante sed volviéndose sumisa en
    los cálidos belfos
También nosotros dos al mirarlos fuimos agua limosa
    y cielo oscurecido en la resoplante sed de las
    huebras
Equivalentes a la caída de la tarde

Caedizos sentidos en la devanadera de la noche más
    alta cada vez más solemne

Noche de san Lorenzo
Expuestos a la vez en el escaparate del atardecer que se
    entrega a la involuntaria procacidad del malva
del rosa del cielo anaranjado incardinado en clara
    austeridad por todo el páramo
Pronunciados deseos infirmes en la vigorosa copulación
    de un mastín y una galga

¡Paja nueva en todo el gran corral rectangular
Brilla cuando pasamos con el sol desde el alba!

¡Oh días impulsivos de nuestra niñez de canicas!
Carreteras de tiza en el asfalto con mil Vueltas a
    Francia

Y recuerdos de ferias y de roscas de churros que se iban
    dorando en un fervor de aceites y lumbres de bidón

Y tardes de traineras de velas de ciabogas
¡Oh niñez impulsiva!

Pendientes de cerezas que se coloreaban en los lóbulos
    verdes del cerezo del aire de principios de junio

¿Te acuerdas de las fieras?
La leona el león el tigre de Bengala
¿De sus saltos de trapo de tambor a tambor?
Se oían los rugidos al sacar las entradas
¿De parte de quién estabas tú?

¡Oh tristeza confusa del caballito enano con su cola tan
    larga y sus crines rizadas!
¿Y el feroz domador?
Toda la mañana en camiseta llevando y trayendo cubos
    de agua ¿daba pena también?

Irreprimible ambigüedad del ser llevado al circo

¡Que un escalofrío de amoniaco de azufre levantara las
    selvas irguiera el gran pelaje de la pantera negra!
¡Ah delicia delicia de la devoración del domador y su
    hijita menor!

¡Oh niñez de canicas!

¡O lejanía!
Promesa ensimismada de la huerta inverniza
Mudos cerezos que fingían dormir que habían olvidado
   su savia petulante
E imágenes abstractas de los albaricoques

En el verdor pacífico del mediodía de retamas recuerdos
   vedados de mí mismo muy joven

Y flores amarillas y moradas y azules cardos borriqueros
que nos acostumbraron a la paz laboriosa de todo aquel
   audaz distanciamiento que tú eras
teniéndote tan cerca

¡Oh exaltación de ahora que nos retrae de nuevo
que arrastra hasta los cielos la continua mirada de un
   corazón tan joven como el tuyo!

Todo es lejanía
La escopeta de caza el buitre disecado con las alas
　　abiertas y nuestro buen humor
Ahora en esa foto con su luz su llana identidad su
　　revelada eternidad
Nos parecemos

¡Oh lejanía con su sol delicado como un cristal de yeso!

¿Qué ves acentuado en las flores de Pascua en las
　　imaginadas brácteas de las buganvillas?
Por todo el alto cielo de atalayas y escarcha
hay un verde botella color del río Pisuerga bajando
　　entre la nieve
Y volvemos a casa en el Land-Rover nuevo

Es adviento a finales
Adviento en los remolques atestados de sacos de pienso
　　de la UCLA
No hay nadie en el colegio los últimos se fueron ayer a
　　última hora

Todo se ha vuelto imagen
A mediodía la niebla se injertaba en el sol como en un
　　tronco tierno

Todo se ha vuelto fondo
Parece todo en vano
¿Ha sido todo en vano?

¡Qué lejos queda el monte de conejos y chozos!

Del invierno al verano del verano al invierno
Hablábamos y rezábamos leíamos y rezábamos y
    escribíamos cartas
El peligroso enjambre que cuelga de una acacia
Y abejas de las siestas bebiendo en las piletas traspuestas
    por las ceras luminosas de miel
y de ciruelas claudias
Por los ebrios rosales que circundan la huerta

Hemos tardado tanto que la muerte parece más grande
    que la vida
¿Es demasiado tarde? ¿Fue demasiado pronto?

Me inclino hacia las líneas de mis propias palabras
Se acortan y se alargan
Es el ritmo del mundo

Es el mapa del mundo que llamamos memoria
Y no acierto a leerlo como un haber habido
Y es un haber pasado
Con todas las imágenes iniciadas al debe
Vuelta fondo la vida aún me queda tiempo
¿Cuánto tiempo me queda?

¿Empezó todo, hermano, al final o al principio?

¡Cómo se hizo a la vida el peral trasplantado!
Audaz la savia trepó por sus sentidos
¡Cómo clamó la luz al laborioso cielo de las fotosíntesis!

¡Y cómo fue durando a través del invierno!

Podas le malhirieron normas de candelabro artificiosas
    como galgas forzaban su figura hacia un gusto
    francés
Le salieron varices arterias de ciudades

Desde el remoto reino de la fruticultura mil audaces
    calígrafos le tuvieron pendiente de un peral no visible
ideado muy lejos
Bocas que se hacían agua con la clara fonética de la
    palabra pera
La idea le azuzó la querencia la imagen de un peral no
    sensible
Y se tramó un relato de la tierra esponjosa unida al
    cepellón fertilizada leve
aocada lentamente que a su vez se rehacía para llenar
    del todo la identidad apremiante de miles de raíces
como sílabas nuevas

¡Oh tiranía del cierzo!

A través de la abstracta justicia del sol y las heladas
    reconoció su imagen su sabor su ternura una acidez
    ligera
como un súbito asombro
el tacto un poco áspero de su piel moteada

¡Cómo se hizo a la vida el peral trasplantado desde el
    confín tardígrado del primitivo injerto!
¡Y cómo aprendió el braille de un futuro invidente

la invisible fortuna del encaminamiento de la física-
química hacia la nueva pera!

Y un buen día de pronto abrió sus flores blancas
Gracia desmesurada en honor de las abejas

Y hubo un inesperado verde claro en la miel procedente
de peras nunca vistas
dadas de colorete a principios de junio

¡Cómo resplandeció aún más que nuestros ojos en las
yemas tranquilas de los dedos del éter al borde del
verano
el solemne verano avecindado ya en un sol de
amapolas!

Entonces vimos todos cómo se había cargado de razón
antes de florecer y de alcanzarse
en el fruto sensible el fruto imaginado
Y era al verdear al enlimonar al madurar al acogerse en
los rotundos cestos del otoño una inmensa certeza
¡Oh incoloras aguas inodoras insípidas que se dejaron ir
por rectilíneos vasos capilares
hasta la firme obra de la pera en sazón!

¡Que fueron traducidas a la lengua más alta desde su
   pozo anónimo desde su lengua abstracta
a la lengua vernácula del agua prometida a las peras de
   agua!

¿Recuerdas los membrillos?
Fíjate bien
Haz memoria

Recuerdo los membrillos hileras a lo largo de todas las
   repisas que rematan el zócalo
En el comedor y el pasillo de atrás en el cedazo
   grande de la luz interior de las coloreadas
   estaciones
La luz de los domingos la luz de los trimestres en el
   pulcro reducto de los conjuntos finitos de los años

¿Recuerdas los membrillos o recuerdas que al verlos
   quisiste recordarlos?

Recuerdo los membrillos
Recuerdo el leve impulso de su aroma

Iban de su amarillo a su vejez de piel moteada
Contenían el quebradizo invierno
Contenían las lunas del altísimo marzo el resol cobrizo
     del otoño el embarrado abril el intranquilo abril
llegaban hasta junio llegaban hasta julio
Alcanzaban el redondel entero de los trescientos sesenta
     y cinco días de los años

¿Recuerdas los membrillos o recuerdas las frases que
     iban con «membrillo»?
Hay mil veces más frases que nombres sustantivos
Aprendiste los nombres sin fijarte en las cosas

Recuerdo los membrillos como recuerdo el mundo
¿No es eso suficiente?

¿No es eso un poco poco? Resulta un poco triste
Alzas involuntarias bajas involuntarias de generalidades de
     frutas de utensilios de membrillos de personas de cosas
No te acuerdas de nada

Recuerdo los membrillos
Contienen las llegadas de las tres vacaciones la chimenea
encendida las primeras cerezas mi cuarto de dormir
el suelo de azulejos las esteras el sabor de los cardos los
cantillos de hogazas recién traídas del horno

No te acuerdas de nada
Todo es sentimiento y habilidad sintáctica
Fuiste siempre de hablar muy de hablar desde niño

Recuerdo los membrillos sin hablar sin querer yendo de
su amarillo al sepia y al marrón
Dulcemente se vuelven oscurecimientos de su propia
luz su propio apagamiento del color amarillo
Recuerdo los membrillos como una extrasístole
Recuerdo la ternura que cambiaba entre sí frutales los
impulsos de todos los sentidos
Táctil se hizo la luz gracias a ellos

Paladeo incesante de los inmensos ojos de la vida
Recuerdo los membrillos como recuerdo nuestras vidas

Fíjate bien
Haz memoria

¿Recuerdas los membrillos?
Haz memoria

Me acuerdo de tu cesta
Era una buena cesta

¿Te acuerdas de mi cesta?

Me acuerdo de tu cesta era una buena cesta una cesta
    de mimbre color marrón oscuro quizá no tan oscuro
Era bastante honda era casi cuadrada con un asa en el
    medio bastante desgastada

Acuérdate del todo
Cada membrillo era una frase incompleta
Recuerdo los membrillos
Nunca fueron no fueron nunca fueron adornos
Recuerdo los membrillos en la frase completa
de tu voz al final
Y recuerdo
Y me acuerdo cada vez más de ti

Se dice firmamento porque es firme al final
Más alto que nosotros y más fuerte y mas joven más
    brillante que el cuarzo al sol del mediodía

Inevitable pedernal de la mirada tenue de los hombres

¡Oh cielo aventurado!
¡Oh cielo no necesitado de costumbres ni de patrimonios
    ni de siembras!

El sin lugar a dudas
¡Oh cielo igualitario!
El de las cordilleras enramadas de nieves y de nubes
Igualadas por fin como los arroyos de patatas
abiertas y cerradas por fin como las tornas de un
    gigantesco regadío
nuestras ansiedades nuestras vidas dejarán de ser y de
    haber sido

¡Oh cielo sin nostalgia que disuelves despacio las estelas
    de los increíbles reactores de aluminio!

Es hora de volver
Hemos dejado todo atrás es hora de volver

Y hay una clara sumisión limonar en todos los senderos
que van de este a oeste
Sumisión del carmín y del corinto y del alzado cobre y
del naranja y del lejano azul de los arándanos
Es el atardecer un solo atardecer que verdea y que cesa

¡Lirios en el desmonte como una exclamación de los
rígidos tallos que la luz verdeante hizo venir al mundo!

¿A qué viene este alegre revuelo de pigazas?
¿A qué viene este júbilo de sol en los botijos?
¿A qué viene este acento tan claro y confiado en mis
propias palabras?

¿Y estos abecedarios con billones de lenguas con trillones
de llamas?
¿Y estos niños de Ocaña que han prendido una hoguera?

¡Oh saltos del alero!
Hay cinco jugadores jugando al baloncesto

¿A qué viene este impulso que germina en mis ojos en
    mis pies en mis brazos
en los nenes los viejos las viudas los chopos que
    aplauden en las gradas?

Tengo el sol tan encima como una voz profunda
Como un gran corazón que inadvertido late
Como un canal de riego que riega las patatas

¿Qué nos une si nada parece que nos une hoy por hoy
    por ayer por venir de los días iguales un día de diario?
¿Qué resumidas cuentas hacen del mediodía de este
    mediodía ahora del futuro y ahora del pasado?

A los niños de párvulos no les salen las restas
Agilidad sin fin
De pronto en este salto del pívot o el escolta cambia la
    gravidez del espacio y el tiempo
¿Ha terminado el juego?

¡Era siempre tan triste tenerlo que dejar!

De pronto en este salto ¿a qué viene este júbilo? ¿con
    quién estoy alegre?

¡Oh espejuelos de mica del granito erizado que surgís
   paralelos a la tierra en barbecho de la meseta
   abierta!
El corazón se agranda y la fugacidad de los días es igual
   que el reposo.

¿Y este sol? ¿A que viene este sol? ¿Y el cariño a qué
   viene?
¿Y la gracia triponda de esta hilera redonda de
   quinientos botijos los mejores de España?

Los botijeros tienen los secretos del frío del agua
   encandilada ocultos en bolitas brillantes de cristal
   en un poco de anís

Y los diez jugadores juegan al baloncesto sabiéndolo de
   sobra
¿Viene de ahí este júbilo? ¿De la foto de un salto?

¿A qué viene este inmenso trino de las alondras que
   retumba en las bóvedas craneanas del mundo?
¿Por qué hay tantos pardillos de inteligentes ojos como
   alfileres de oro?

¿Es el Reino?

Te rogamos Señor que la jarra contenta el agua

Que los claveles chinos duren hasta el otoño
Que la luz omnívora devore nuestros planes hasta
    volvernos fuego cuenca del Amazonas o yesos
    espejuelos
o cerezos o casas o sendas rectilíneas de tierra
    rastrillada o almorrones de junio acueductos de
    abejas o rosales
majestuosamente conmovidos
que dejan de ser símbolos para mostrar sus rosas

Te rogamos Señor que nos alcance el sueldo
Alcánzanos Señor la exaltación de tu exaltación
    imantada

Te rogamos Señor que no se sepa que nos comimos un
    melón entero

Que el jardín resplandezca
Que sea primavera en las vaguadas rítmicas del Parque
　　del Oeste
Que los claveles chinos duren hasta el otoño

Te rogamos Señor que la jarra contenga el agua
Te rogamos Señor que la jarra contenga el agua
Te rogamos Señor que la jarra contenga el agua
Ahora y en la hora de nuestra exaltación

LOS ENUNCIADOS PROTOCOLARIOS
(2009)

«*So sind die Zeichen in der Welt, der Wunder viele*».
(Así son los signos en el mundo, muchos los prodigios).

FRIEDRICH HÖLDERLIN, *Poemas de la locura*

[*EL VIENTO EN LA TERRAZA ARREBATA...*]

E L viento en la terraza arrebata los prunos abrillanta
los prunus ¿Y nosotros?
También nos abrillanta el viento del Oeste a nosotros del
color de ciruelas
Al filo de la tarde barrida acuchillada liberada del peso de
la muerte

Ahí están las islas, todas las playas y puntales y las islas de
entonces y balandros y radas del recuerdo
¿Qué son esos volantes?
Sus certificados son de origen que garantizan su auténtica
verdad
Almacenadas en los almacenes y depósitos francos
edificadas al final de los muelles
Y el viento del Oeste impide discontinuo los sollozos las
pausas
Y la melancolía es una hoguera de piñas secas que explotan
asustando a los gatos con su imprevista mala voluntad

Y en las terrazas vacías entra luego la noche de abril
Nubes de los nublados de abril que calan las baldosas
    de las solitarias terrazas vacías
Y los toldos amarillos y las sillas blancas y las mesas
    blancas del próximo verano
¿Y nosotros?
Altísimo riela el sol marítimo en los pararrayos en los
    mástiles
Y las antenas de la televisión captan *bits* y parábolas
de
los
artificiales satélites del
canal digital y el canal venal y del canal venial
¡Oh lírica televisión que cancaneas como el mar!

¿Ves las dunas ahí el puntal de crestas de maleza canosa
    que se adentra en la rada?
Ahí están las islas las playas y puntales los balandros de
    entonces las regatas de entonces
¿Y los impresos estos qué son estos volantes?
Son los certificados de origen de las playas habladas las
    voces recordadas de la pleamar y el viento
también almacenado en las grandes cisternas al final de
    los muelles ya contratado en firme

con sus portes pagados los zapatos atados los pantalones
   planchados los responsos cantados!

Y el viento del Oeste impide discontinuo los sollozos las
   pausas los *miserere nobis*
y la melancolía será una hoguera pronto de piñas secas que
   asustan a los gatos
con su imprevista mala voluntad

El viento en la terraza abrillanta los prunus arrebata los prunus
¿Y nosotros qué? ¿Quién va a volver mañana? Igual nosotros
   no
Un abuelo imagina que su futuro nieto y él mismo bajarán
   de Princesa andando hasta Rosales
Y el viento del Oeste arrebata los prunus abrillanta los prunus

Y el viento del Oeste impide discontinuo los sollozos las
   pausas los *miserere nobis*
No habrá lugar a dudas nosotros mismos no seremos ya nada
   no habrá lugar a dudas
Y la melancolía solo será una hoguera de secas piñas que
   explotan con imprevista mala voluntad
Y asustan a los gatos

¡Oh Señor no dejes que la melancolía desmienta el
    brillo de los prunus arrebatados por el viento del
    Oeste!
¿Ves ahí el puntal de crestas de maleza canosa que se
    adentra en la rada?
Ahí están las islas la bajamar los balandros las playas de
    entonces las regatas de entonces

[*LAS LLANURAS SIN CESAR...*]

LAS llanuras sin cesar me conmueven
Los barbechos reverdecidos de después de la lluvia
Y el opulento sol blanco del atardecer que encanece los
    chopos
Las vías semovientes del Talgo como mensajes urgentes
    de paralelas encontradizas

La lechada de cal del sol su último discurso
Como un fruto acuoso que se desprende del
    firmamento malteado
Que encanece hasta el diluido platino del aire las
    hileras de chopos
¡Mi última victoria!

En la estación de ferrocarril de Medina del Campo he
    regresado al cielo encapotado
Las siluetas de los silos y las bandadas rezagadas de
    tordos otra vez

Preceden al amenazante verdor gríseo de la noche
   ventosa

He aquí mi juventud secretamente custodiada todavía
   por los faros de los automóviles
De las carreterillas comarcales a cuarenta por hora!

[EL COSTILLAR DEL FIRMAMENTO...]

El costillar del firmamento como el esqueleto
    insepulto de una ballena
En esto nos detuvimos en la felicidad ventripotente del
    sol de media tarde
Ondulándose al amor del bozo verde de la áspera
    cebada y las verdeantes eras de marzo
En Peñaranda de Bracamonte dos silos en memoria del
    Servicio Nacional del Trigo

Debo detenerme en la ondulación de los barbechos de
    la provincia de Ávila
¡Mi memoria se acomodará al salvadios de las tascas!
Nos masturbamos en el sobrio encinar sobre la tierra
    embarrada
Nuestras imágenes sin codificar todavía húmedas y
    hocicantes como crías de gata

Verdeante toda la llanura del cereal incipiente
Y la prolongada línea de Gredos los áridos
Todo el fondo a lo largo de un dedo de paisaje de serranía
    bebido

Ante mí verdeante toda la llanura incipiente de los cereales
    los áridos
De par en par en el confín la prolongada línea de Gredos
Que se pronuncia todo el fondo a lo largo
De un dedo de paisaje de serranía bebido a media mañana

Serranía de Gredos y en dirección Cáceres la serranía de Béjar
He aquí mi gran amor adolescente que ha madurado
    encalvecido y sido sepultado
en San Juan de la Encinilla

Rectilínea carretera nacional como mi alma que atraviesas
    los pueblos
Autopista sin acceso a tierras colindantes como mi alma
    enamorada
Han florecido ya los almendros tiernos como sentimientos
    galaicoportugueses
Tiernos como las crudas tierras de Orense

Autopista sin acceso a las tierras colindantes mi alma
Florida ya a principios de marzo como el prunus de mi
   terraza

[CON UNA DELICADEZA AJARDINADA...]

Con una delicadeza ajardinada de gabarrón y de draga
he aquí la mimosa
agarrada por fin en la jardinera penitencial de rojo barro
mi última victoria!

No he olvidado el gusto callejeante de mí mismo en un
  Londres anónimo
Nos abrazamos deprisa en Green Park debajo de un
  magnolio

[*LAS LLANURAS SON MI JUVENTUD...*]

Las llanuras son mi juventud castellana
Era horrible abandonar la Bahía en verano olvidar El
    Puntal

Y recuerdo los grávidos trigos y los dos palomares la
    garganta del estío reseco
Brillante de grasa consistente como un moco rubiáceo
aquel elegante *Massey Fergusson* el tractor color rojo

En Burgos compramos tijeras de acero inoxidable con
    su azul mango ergonómico

A la pequeña velocidad furiosa de los automóviles
a la diminuta transfusión de la luz de ene dimensiones
entre los invisibles *quarks* de Cogollos olían en grande a
    miel amarillas celestes retamas

Oh mi amor no me olvides jamás
Acógeme en Escalada como una tortilla de patatas tu corazón
    pacífico
Oh río Ebro

Debajo de debajo entre profundos álamos
verdes como turbios súbitos vidrios
de maleza leñosa transcurre traspasado de luz el río Ebro
trasterrado de ojivas manantiales sedoso tapiz de voz de todos
    los sedientos barbechos
turbios vidrios súbitos verdes lamigosos ranúnculos y los negro
    lumiacos secretos

En Bahabón de Esgueva bajado el cristal a ciento treinta oh
    niñez de canicas
la indocumentada portavocía de los transportacoches de treinta
    y cuatro ruedas
nos dejó sin aliento

En Fuentelcésped no bebimos agua
En Campillo no acampamos
En Allendeduero Polígono Industrial fumamos dos pitillos rubio
en memoria de las Ánimas Benditas
En Fuentenegro de hito en hito nos miraron pensativas cigüeñas

[AGOSTO ENCALADO...]

AGOSTO encalado de las salamanquesas nigrománticas
romboidales grises insospechadas en el interior de los
    frondosos evónimos
con su diminuto disparador reptiliano
en un hilo de humo

que han devorado todos los insectos posibles
incluidas las microscópicas hormigas de la miga de pan
y ahora reptan por su brujeril indeación salmanticense
    tórrida y blanca
como una aparición sobrecogedoramente benéfica

No me asusta el sol de finales de julio
En mi frondosa terraza transcurren las horas diurnas sin
    fin como ocurrencias sin peso
y mi corazón recién regado evoca los cormoranes y el
    susto de los boquerones

repentinamente crucificados en los poderosos picos
   inmisericordes

No tuvimos cuidado con la muerte
Todos menos tú descuidábamos la muerte
Nos pareció un dato más
pasto de las hormigas en su cementerio de macetas de
   lavanda

Todo lo que aprendimos después dependía de ti
Los días soleados la silenciosa repentización de las
   lagartijas que con las prisas
perdieron sus vivaces colas portátiles

E incluso los topillos maléficos que de una sentada
   devoraron todas las zanahorias
y trasmitieron la peste bubónica a los lirios del campo

[DE PAR EN PAR ABIERTO AGOSTO...]

De par en par abierto agosto al noble sucedáneo de sí
   mismo
que hoy es martes día siete
¿qué más puede pedirse?

En el cielo enramado de las nueve se vuelven
remotos los vencejos móviles azabaches
y menos cabezona la frígida avispa matinal bebe agua a
   mi orilla

Soy de nuevo este río somero accidentado afable con los
   pies y con las truchas
que deja alegremente su ayer y *antesdeayer* a manos de
   los mares
los chinchorros los remos y todos sus futuros
recuerdos de los niños

[NOS CONMOVIÓ EL GRAN CHOPO...]

Nos conmovió el gran chopo más alto que la solana
conmovido a su vez por el viento del norte
que inconsciente tumbó frente a nosotros la laguneja
    con sus dos tripulantes aún adolescentes
que avivó la viveza urgente de las acacias podadas el
    invierno pasado
ahora reverdecidas como la piel oscura de un joven
    caballo en Campogiro

Y al atardecer a bajamar la Magdalena una playa vacía
Tanto como mis diminutos recuerdos

Y nuestro paso precipitado de entonces sobre el
    resplandeciente mundo de ahora
Viendo sin ver los prados
Envidiando el árbol de Júpiter y la avenida de los tilos
    elididos una noche de Sur

[HACIA EL RECEPTIVO INTERIOR...]

HACIA el receptivo interior somnoliento de biombos
    espejos
empujé con ambas manos el tedio insidioso
que proclama a pasitos la abdicación de la voluntad las
    traineras
y niega la claridad de ese balandro
que henchido de atardecer canela húmedo pimentón
    nacarado
solo un foque impulsa hasta los pantalanes

Y ni siquiera las narraciones tenían fuerza ya entretejidas
    en mi corazón oscilatorio
como en alta mar denso prado oscilante de algas sedosas

Todos los esfuerzos sumados se deshicieron en el jardín
    de pronto
como una caricia en la piel de un niño de muy corta edad
que balbucea y olvida su muñeco en cualquier parte

Nos sedujo la relación deslizante de los balandros entre sí
en la mansedumbre momentánea de la bahía
la lentitud cortés de los balandristas al saludarse
reconociéndose esquemáticamente al atardecer por sus
     velas
los cascos de sus embarcaciones
sin curiosidad y sin ganas

Porque lo esencial había tenido ya lugar mar adentro en
     el interior del Nordeste
y regresar a puerto solo era el fondo malversado de las
     ilusiones
acobardadas por el deseo de tierra y el lecho inmóvil

La edad de las proezas se había declarado insolvente
cada vez menos ampliados los créditos veinte años más
     tarde nos dolía la espalda
y los que parecían aún adolescentes casi niños aún solo
     eran los restos
innegociables e incomprensibles que nos impacientaban
     que había que transportar
a las mejores universidades anglosajonas de un
     culebreante mundo vivíparo
que parloteaba miles y miles de lenguas insumisas

[*AHÍ EN LA ESTUFA DE LEÑOS EXISTE...*]

Aʜí en la estufa de leños existe el fuego
Ahí invisible implementa mi alma inexistente
Ni duda ni se atora ni duerme ni sueña sueños
    desmedidos de abandonos de amigos
en las plazas concéntricas
El fuego invulnerable
habla del ser-en-sí que es para-sí en esta pacificada hora
    del Hegel de Berlín
Parpadea como un detalle en la autoconciencia absoluta
este universal concreto que soy yo

Ahora en el bosque pensado
llueve como llueve ahora mismo en la *bambusa nigra*
y en el laurel mayor ya casi un árbol
y sobre el pequeño laurel de Las Jaras acatarrado en su
    maceta negra

Lluvia reducida en toda la terraza agigantada
Sobre los tres toldos rendidos
Y el tejadillo de metacrilato verde claro
Lluvia con tres distintos compases
El compás del desagüe el compás de la calle y el
    compás esponjoso
del firmamento sumiso
Y en la terraza el compás de los toldos como tres
    bailarines inmóviles
en el verde amarillo de la tarde cedente

[EL AGUANIEVE QUE ENNEGRECÍA...]

EL aguanieve que ennegrecía la verdeante terraza
abismada en su ensimismamiento vegetal del invierno
al otro lado de la puerta-ventana a mil leguas del
    crepitante tronco de encina
en la estufa

Y también Schumann y Pau Casals dilataron hacia
    adentro este instante
como un recuerdo por fin precisado
como un amigo como el invierno urbano

Tu recuerdo oh disuelto en la barruntada nieve
en el cohibido verdor del *laurus nobilis*

Oh memoria de nuestras dos camas paralelas
en el dormitorio de losetas rojas en la casa blanca del
    caserío blanco
en el dormitorio friolento del colegio de Valladolid

Y afuera los rígidos barbechos de noviembre y
    diciembre

No me atrevo a decir que te amaba porque te amo aún
En el copioso atardecer verde botella del río Pisuerga tu
    delgada silueta de alero

La dulce fría luz matinal alarga hasta el pasmado
    mediodía invernizo
la conclusión inconclusa del clarinete de Brahms

Tuve que desandar toda la inercia retórica
La facundia la labia el abultado palabrón de la tribu
hasta alcanzar la imagen de la imagen que de ti
    atesoraba sin verla ni entenderla
amándola desventrado
Núbil inconsistente y feraz como una monja anónima

El olor de mimosas ocupa la memoria
como un primo segundo

Mediodía en el Muelle
Los señores en casa
En el cuarto de plancha el ramo de mimosas
cortadas que parecen
todo el jardín diciembre
tamarindos rompientes de Piquío
y La Granja en el Alta
o el turrón de Jijona

Oh amor subsumido en el bolsillo derecho de nuestros
    pantalones cortos

Ah memoria del mundo como un gato pequeño
como un adolescente que se encorva al andar
y juega mal al tenis

Mi dulce amor nos corriéramos juntos

[UN PRINCIPIO DE NIEVE...]

Un principio de nieve
al final de la tarde
es la nieve del todo
que ha venido a buscarte

La lana de tu gorro
acaricio al mirarte
Vienes y nos has venido
Llegas sin avisarme

Entrelazo tus dedos
que abrigaban los guantes
Recuerdo los paseos
que nunca dimos antes
los que nunca daremos

El viento atravesado
arrebata el romance

Ah la estufa encendida
Laurel cabeceante
Todo sucede ahora
Y no ha venido nadie

[COMO TENSOS REBECOS TELEVISADOS...]

Como tensos rebecos televisados en cuya urgencia olfativa
olfateamos nuestras propias desaladas briznas de imágenes
o el viento que trajo nieve y la gran oratoria de oraciones
    yuxtapuestas
de aguzadas siluetas montunas

Cobijados a causa del frío en el caserío enrojado con paja
    candente
Tubular el viento sacude la estufa de hierro pavonado

En los poderosos troncos de encina encendidos como
    sagrarios
leímos la ilegible letra del vendaval
Pronunciado aguanieve ácido como ortigas
y latentes bajo tierra los bulbos raquídeos de las
    invertidas almas de los tulipanes
y de los jacintos

[ME PAREZCO A MIS PADRES FUMO Y DEJO...]

ME parezco a mis padres fumo y dejo de fumar como los dos
Desde fuera las manos de mi madre desde dentro son mis
　　propias manos con su anillo
Hereditarios son estos nudillos del esqueleto paternofilial
Y la nariz carnosa corva y la cabeza calva y el corte de la cara
　　excepción hecha
de los ojos
Y la ira y la murria y una a ratos cómica energía con
　　abundante sal de mesa
Y un lóbrego final brillante a ratos
Y otro final lluvioso destemplado más último que el último

Deslizadera infértil de la nada donde los tres nos olvidamos
　　solos

[SON YA LAS SIETE Y VEINTICINCO...]

Son ya las siete y veinticinco de la tarde
No has avanzado mucho en el atardecer apenas nada
La tarde en cambio es otra que parece la misma lo
    mismo que tu cuarto

Has ordenado libros que no amas por orden alfabético
    de autores que envidiaste
cuyos paisajes oh mínima *moralia* cuyos personajes oh
    puto miserable
no son ni serán nunca nada tuyo

Tus propios personajes diluidos en ti como deseos no
    serán nunca nada tuyo
Un poco más que tú tal vez después de todo cuando
    quien casi no eres ya
deje de ser del todo

¿Y de ti mismo quién se apiadará por orden alfabético
    en qué fila?
¿De qué memoria estantería al cuidado de quién una
    vez por fin desconectado
de la infelicidad y la felicidad equivalentes?

Nadie ni aquí ni allí hablará contigo o lo contrario a las
    siete y veinticinco de esa tarde

[DE FRAGMENTOS DE CARAS DE TARDES...]

A Flavia Márquez Pombo

DE fragmentos de caras de tardes de domingo
con el viento y la lluvia que aumentaban las casas
las ventanas los toldos las pequeñas terrazas de los pisos
    más altos

Ahí sí coincidimos en los ocho apellidos

Un poco por encima hoy recuerdo los nombres las
    familias las casas
lo suficiente al menos para hablar de las caras las
    terrazas la lluvia las herencias
los nietos

Nombres entrecruzados con sus graciosos motos las
    fotos con sombreros
las bodas del verano la motora del Golf y la Primera Playa
y el casino fundado por nuestros bisabuelos en tiempos
    de levitas

y de cenas de gala y partidas de *bridge*
y un general ya anciano que fue amigo del Rey

Y otra vez el reflejo del sol de media tarde en las
    bruñidas hojas del jazmín italiano
que trepa por el muro blanqueado del alma y la tarde se
    apaga
fragmentada aventada combada bajo el cóncavo cielo

Y recuerdo las caras los fragmentos el comedor los
    cuadros de casa de Marieta
Macarrones con tomate con un huevo escalfado un
    almuerzo un domingo
y el relato de un viaje a ver a Lord Stoner en la nublada
    Escocia este próximo otoño
y vasos de Rioja en un mismo relato en una misma
    tarde a mediados de abril

[ESTA PRIMERA PARTE DE LA TARDE...]

Esta primera parte de la tarde de finales de abril
La luz este rosal asilvestrado con sus rosas de té
vuelve más dulce y más abandonado que un amor otoñal
este amarillo más fugaz aún que un amor sexagenario

Airosas rosadas astromelias que rebajó la florista a la mitad
a causa de una ya visible languidez de flor cortada en flor
ayer mañana

[EL JÚBILO DE MAYO HA ALARGADO…]

El júbilo de mayo ha alargado la vara de mimosa más allá
    del tejadillo de metacrilato hacia el cielo incorrupto
Alma vegetativa en busca del aéreo firmamento que
    respira y se nubla
y seduce a los recién llegados vencejos

Más allá del vertical horizonte el poderoso aliento del
    alma universal alegra
tu apocada conciencia oh Álvaro desmigándola hasta las
    transparentes partículas
polvorientas que se libraron de la cochinilla y del pulgón
    de tus imprecisos sentidos
en el levantamiento final de todos los verdes de esta
    terraza enajenada

Un escalofrío vespertino recorre los montes y los valles
    de las subrayadas pringosas páginas de tus textos de
    filosofía leídos y releídos tantas veces en busca

del joven entúsiasmo que todavía gotea en tu corazón
    como después de la lluvia
¿Qué o quién alude al significado del significado de tu
    vida pasada y tu vida futura
presentes en el presente como insolubles casos de
    derecho civil de derecho penal
madeja casuística de tu parvulario inconsciente y
    gozoso y celoso
debajo de las faldas de la mesa camilla como una gata
    tricolor que pasó a mejor vida
en esta misma butaca hace ya muchos años?

Han vuelto los vencejos a reconstruir el cielo del verano
    aún en mayo
Cuando llegaba el calor llegaba ellos los valientes
    vencejos que duermen en el aire
Arrebatadamente en voz alta leímos acerca del mundo
    la finitud la soledad
entre cinco y seis de la tarde nuestra resuelta
    desvergüenza molesto al *Doktor* Heidegger

La llegada anual de los vencejos nos sobrecogía sin falta
Arrebatados por los vencejos cuyo temple de ánimo
    diluye el firmamento cada vez más

distante de finales de mayo
aprendimos a contar y descontar el tiempo aguardando
   tu llegada insoluble

Ah nuestro empequeñecido hablar y hablar es pura
   nostalgia también
Un impulso de estar en todas partes en casa como los
   vencejos recién llegados
de África a Martín de los Heros

[NOS EDUCARON LAS CAÑAS DE TINTO...]

Nos educaron las cañas de tinto los cardos borriqueros
Y aquel fervor iluso de Cernuda en nosotros resultó
    intransitiva elocuencia
La no persuasiva dialéctica por cuya virtud amábamos
    sin provecho ninguno
sin logro y sin final como solitarias mulas que cocean
    en la cuadra del páramo

En nuestro corazón ni un día faltó la debida fidelidad
    la constancia la consistencia
del balido trascordado de los rebaños de ovejas que
    pastorea el señor Miguel a cantazos
cuyos perros de orejas rotas y mataduras sangrantes
    mordían las patas traseras
de los mochos carneros recién esquilados carentes de
    orden de parada
que se implan en los prados de alfalfa

Oh mi amor recuerdo tu corazón como un canal de
    riego en la deshilada Castilla
del secano y los silos de maíz fermentado

Recuerdo los chozos pedregosos tus piernas pedregosas
    y mi amor imposible
como si no hubiera el tiempo sido tiempo al fin sino
    instantáneo instante
que como la flor morada de las tobas explota y dice su
    color ceniciento

Perdido en el horizonte reseco del mundo yo te amo

[*SALIR A LA TERRAZA ES UN ESFUERZO...*]

Salir a la terraza es un esfuerzo incalculable ahora
como si más allá no hubiera mi conciencia
o fuese el sol ficticio o el laurel dubitable
o los vivos geranios naranjados inanes
o yo mismo al final aleve en tu memoria
como el flujo insensible y frutal de un río
    desmemoriado

Acuérdate de mí en esta hora de la ciudad intransitada
en la caediza tarde de mi humilde nostalgia
cuyos títulos se han visto devaluados más allá de todo
    encantamiento

Y contra todo riesgo se desliza mi vida sin sustancia
como un río encendido y somero cuyo contorno como
    una palabra
huele a troncos de encina
quemados sin atardecer en la estufa apagada

VARIACIÓN FINAL[**]

EN la Red de San Luis perdí la vida
recién sidas las cuatro de un desvelo
En los portales con la espalda hendida
cuaja la noche fina como un pelo

En la boca del alba sin balcones
se hizo cargo de mí la policía
y robaron mi sangre los ladrones
de los Bancos de la Comisaría

En la Red de San Luis me cachearon
y me clavaron con las mariposas
En la Red de San Luis me desnudaron
la identidad perdida entre otras cosas

Me trasportaban cuatro generales
y en la Red de San Luis se atascó el duelo
lloraban reyes lágrimas reales
Hortera y Mártir fui derecho al cielo

[**] Último poema del libro *Variaciones* (1978). Cierra esta antología por expreso deseo de su autor.

ÍNDICE

Prólogo, POESÍA POMBO, por
    Juan Antonio González Fuentes 9
    Breve historia de esta edición 19
    Veinticinco preguntas a Álvaro Pombo
       sobre su poesía 26
BIBLIOGRAFÍA POÉTICA DE ÁLVARO POMBO . . . 37
    Breve selección de libros y de trabajos publicados
       en libros sobre la poesía de Álvaro Pombo . 38

PROTOCOLOS
(1973)

[REGISTRO DE ÚLTIMAS VOLUNTADES...] . . . 43
[SOBRE EL RETRATO DE...] 45
[SOUVENIR DE JUAN VÍCTOR NAVARRO...] . . . 47
[SOBRE EL RETRATO DE UN MUCHACHO...] . . . 50
[ENUMERACIÓN...] 53
[TÚ SABÍAS...] 56
[OÍDA TRISTEZA DE LA PALABRA LLUVIA...] . . . 58
[HAN CRECIDO LOS NIÑOS...] 60

[*Te perseguí por los bosques...*] 62

[*La memoria ilustra...*] 64

[*Lo he oído ayer tarde o ayer noche...*] . . . 66

[*La muerte es como nosotros...*] 68

[*¿Quiénes somos?...*] 69

VARIACIONES
(1978)

Variación primera 73

Variación tercera 75

Variación quinta 76

Variación séptima 78

Variación octava 80

Variación décima 82

Variación decimotercera 84

Variación decimoctava 87

Vigesima variación 89

Variación vigesimotercera 90

Variación vigesimocuarta 91

Variación vigesimosexta 93

Variación vigesimoctava 95

Trigésima variación 97

Variación trigesimoprimera 99

Variación trigesimosegunda 101

Variación trigesimoquinta 103

Variación trigesimosexta 105

Trigesimoctava variación 106

HACIA UNA CONSTITUCIÓN POÉTICA
DEL AÑO EN CURSO
(1980)

1.1.	109
1.4.	111
1.6.	112
2.8.	114
2.9.	115
2.11.	116
3.14.	117
4.15.	118
4.20.	120
4.21.	121

PROTOCOLOS PARA LA REHABILITACIÓN
DEL FIRMAMENTO (1992)

DEL FIRMAMENTO (1992) 123

LOS ENUNCIADOS PROTOCOLARIOS
(2009)

[El viento en la terraza arrebata...]	149
[Las llanuras sin cesar...]	153
[El costillar del firmamento...]	155
[Con una delicadeza ajardinada...]	158
[Las llanuras son mi juventud...]	159
[Agosto encalado...]	161
[De par en par abierto agosto...]	163
[Nos conmovió el gran chopo...]	164

[*Hacia el receptivo interior...*] 165

[*Ahí en la estufa de leños existe...*] 167

[*El aguanieve que ennegrecía...*] 169

[*El olor de mimosas ocupa la memoria...*] . . 171

[*Un principio de nieve...*] 172

[*Como tensos rebecos televisados...*] . . . 174

[*Me parezco a mis padres fumo y dejo...*] . . . 175

[*Son ya las siete y veinticinco...*]. 176

[*De fragmentos de caras de tardes...*] . . . 178

[*Esta primera parte de la tarde...*] 180

[*El júbilo de mayo ha alargado...*] 181

[*Nos educaron las cañas de tinto...*] . . . 184

[*Salir a la terraza es un esfuerzo...*] 186

VARIACIÓN FINAL 189

Substancia
(Antología poética, 1973-2009)
de Álvaro Pombo
se terminó de imprimir
el 22 de octubre de 2025